誰も教えてくれなかった

クラスを動かす技術！

陰山英男
Kageyama Hideo

学陽書房

まえがき

「クラスがうまくいかない」
「授業がうまくできない」
「忙しさに追われて睡眠時間がないんです」
「担任なのにクラスの子どもと過ごす時間がない」
　いま、若い教師の人からよく聞く言葉です。
　現在、学校の現場では急速に20代の教師の占める割合が高くなっています。学校によっては、20代が6割を占める学校もあるほどです。そしてその若い人たちがとても初歩的なところで悩んでいます。若い教師に指導の肝を教えてくれるはずのベテラン教師は仕事量に忙殺されており、職員同士のコミュニケーションすらままならなくなっているのが現状です。

　こうした中で若い教師が生き残るには、自分で学ぶしかありません。そして、本当に意味のあることを学んだ人は、クラスも授業もあっという間に良くなる。とりわけ、若い教師は良くなるのが早い。これが最近の私の自論です。私が実際に若い教師を指導して、強く実感していることです。
　私は以前、若い教師の授業の方法を指導したことがあります。みるからに下手な授業をしている教師に、こりゃダメだなと思いながら、いくつかのポイントをアドバイスしました。すると、次に見に行った時には、驚くほどのすばらしい授業をしていたのです。
　前回の授業では教師がしゃべるたびに、子どもからいろいろな発言

が出てきて全然進まなかったのが，子どもはすっかり静かに話を聞くようになっており，しかも，子どもの目には以前にはなかった教師への信頼感がしっかりと見てとれます。これは化けたなと思いました。

　私がしたのは，私が授業の基本と考えているいくつかのポイントを彼に伝えただけです。しかも短い時間でアドバイスしただけです。それだけで，授業が見違えるほどに変わり，クラスもしっかりまとまるようになっていました。

　この経験から，いかに指導の基本のポイントを知ることが教師にとって重要かを痛感しました。
　本書は，私が自分の長い教師生活から得て，実践の中で研ぎ澄ませた基本中の基本のポイントをまとめたものです。
　できるだけ若いうちに基本のポイントを知り，指導の腕を磨き，クラスを動かせる力量を身につけることが，教師として生き残る最大の武器になります。
　ぜひ本書を通じて，若い教師のみなさんがクラスを動かす面白さを知り，子どもの学力を上げる喜び，子どもの成長を目にする喜びを味わってほしいと思います。そして，教師という仕事の面白さを存分に知ってほしいと願っています。

2013年2月

陰山英男

★ 目次 ◎誰も教えてくれなかったクラスを動かす技術!

まえがき 2

第1章 できる教師は目で決める！クラスをまとめるポイント

- 教師はまず目できめろ！ 10
- 「目線の活用」はじめの一歩！ 12
- 教室を静かにさせる極意！ 1 14
- 教室を静かにさせる極意！ 2 16
- 勉強は「集中」の練習である 18
- 教師の「顔の準備」で授業が変わる 20
- 教師の言葉は「少なさをもって尊きとなす」 22
- 重要なことは2回言う 24
- 「だらだら3時間説教」が効果あり！ 26
- 体罰は百害あって一利なし 28
- 「小さいけど絶対的な指導」を特技に！ 30
- 「困難を乗り越えさせる」ことで＋αが生まれる 32
- 「面白く」「ラクをする」授業改善とは？ 34
- 教師もあっと言う間にグーンと伸びる！ 36

Column1　板書を一目見れば教師の実力がわかる ●38

第2章
失敗こそが教師を育てる！
若い教師のための仕事のオキテ

- 私が教師になったきっかけ ●42
- 「でもしか先生」の強みとメリット ●44
- 最初の1年は120％の力を出して仕事しろ！ ●46
- 初年度のガムシャラが生む大きなメリット ●48
- 仕事とはリスクと失敗の連続である ●50
- 新人教師は指導法を子どもから教わろう ●52
- あらゆる「無駄を省く」ことから始めよう！ ●54
- 一番反対しそうな人に最初に相談 ●56
- 新任時代は反対されたら「やりたいこと」を諦める ●58
- 自分の取り組みを「学校全体」の王道に ●60
- 「成績が上がる指導」をすればみんながハッピー ●62
- 「授業改善に取り組むと帰りが遅くなる」はウソ ●64
- Column2　職員室のコミュニケーションから
　　　　　　学校を動かせ！ ●66

第3章
短期間でこそ伸びる！
子どもに学力をつける方法

- 「子どもに学力をつけたい」という思い 72
- 「徹底反復」は多くの学校で成果が！ 74
- 授業改善より教材＆取り組み方 76
- 複雑なことをやるには単純なことから 78
- できない子への対処，補習も徹底反復編 80
- できない子への対処，つまずき探し編 82
- できない子への対処，コンプレックスのある子編 84
- 学力をつけるには「書くこと」が大事 86
- テストの点が上がるように指導しよう 88
- 授業は「できる子」がわかるスピードで 90
- 子どもが一人で宿題をする時こそ伸びる 92
- 音読はいいことずくめの学習法 94
- 音読のより効果的な方法とは 96
- 「悔しさ」「焦り」が子どもを伸ばす 98
- 画面を1日2時間見てると子どもはダメに 100
- 東大合格者はみな11時には寝ている 102
- 「日本はPISA型学力が低い」は大きな間違い！ 104
- Column3　百ます計算から百割計算へレベルアップ！ 106

第4章
対応力のある教師になるために

- 相手によりクレーム対応を区別する 110
- 「親の気持ち」は利害関係のない親に聞け 112
- いじめに負けない子どもに育てるために 114
- 「つっぱるな　しょせんあなたは　3級品」 116
- 子どもを伸ばせば敵は生まれない 118
- 実践は5～10年継続して初めて認められる 120
- 45歳を過ぎたら校長を目指せ！ 122
- 教師の楽しさは20年後にわかる 124

第1章 できる教師は目で決める！クラスをまとめるポイント

教師はまず目で決めろ!

★ いくら口で説明しても，子どもの耳には届かないのはなぜ―？

❶ ベテラン教師の「目線」を真似よう

　教師になりたてのころは，どうしたら子どもたちに指導が伝わるのか，試行錯誤することもあるでしょう。そんな時，実力ある教師の授業を見る場合，大事なポイントがあります。

　それは，目線です。

　名教師の授業見学をした時，目の動きに注目して，「この人の目線を見よう！」と，見てほしいのです。そうすると，その先生が何を意識しているかわかるでしょう。

　そもそも，自分の目線だって，意識しないとわからないでしょう。目線の動かし方はとても重要なのに，校内の授業研究でも，目線が意識されることはまずないのが現状です。

　でも，子どもたちに対する教師の意志，気迫というのは，目の動きや目のチカラで伝わるのです。

　では，なぜ目線が重要なのでしょうか。**それは，「子どもたちを観察すること」が，いい教師への絶対条件だからです。優秀な教師は，目がグリグリ動いて，子どもたちをくまなく見ていますよ（笑）。**

　子どもたちに「突き刺さるような目」を向け子どもの表情を見ていれば，自分の指導がうまくいっているかどうかもわかります。自分の目の気迫が強いか弱いか，子どもの表情を見ればすぐ気づけますし，

自ら修正することもできるでしょう。

❷ 目線に気づかず努力してもスベるだけ

　ところが，子どもを観察できていない教師は，自分と他の教師の違いもわからないのです。子どもたちに指導が届いているか，ウケているかどうかもわからず，何をやってもスベる……。

　自分も周囲の先輩教師や管理職も，「目線」を意識しないで表面的にああしましょう，こうしましょうと言ったところで，うまくいくはずがありません。目で決められない教師は，子どもたちを動かすことができないのです。

　反対に，「目」を意識的に使うようになると，ガラッと教室の雰囲気が変わります。

　まえがきに書いたように，あまり授業やクラスのまとめ方がうまくいっていない若い教師に，目線の使い方，目で子どもたちを制する方法など，この章でこれから紹介するようなごく簡単な基本を，いくつかメモで伝えて教えたところ，数日後には見違えるほど指導がうまくなり，子どもたちも言うことをきくようになっていて驚いたことがあります。

　教師や授業の命は口ではなく「目」です。これから，この章では，この「目」の使い方を始め，ちょっとした工夫で子どもがガラッと変わって教師の言うことをきくようになるポイントを伝えていきましょう。

 キーポイント ❶

**「話す」「動く」よりもまず大事なのは「目線」。
教師の「気迫」や「説得力」は目に表われる。**

「目線の活用」はじめの一歩！

明日から使える「目線」の鍛え方

❶ クラス全体の机の上をピシッとチェックするには

　明日からできる目線の活用の例を挙げましょう。
　まずは，授業前に学習作業の準備ができているかどうかを見ることです。若い教師にありがちなのは，子どもたちの様子を全体的に見ているつもりで，実はとてもアバウトに見ていることです。
　学級全体をさーっと流してしまって，実はA君の机，B君の机一つ一つのチェックがきちんとできていないのです。
　または，
「気になるあの子はどうかな？」
　と，注意が特定の子に集中してしまうこともありますね。
　だから，ふだんから全体の机の見方を決めておけばいいのです。
　たとえば，右の列からM字に見ていくとか，後ろからZ形で見ていくなど。そうすると，だんだんと学習作業準備の要領がわかってきます。慣れてくると，子どもの標準的な動きがわかり，
「昨日できていた子が今日はできていない」
　といったことが，瞬時にわかるようになります。
　もちろん，最初のうちは，
「筆箱，消しゴム，鉛筆，ノート……」
　とチェックしていくので，時間がかかるかもしれません。でも，授

業準備の段階なので，教師は何かを子どもに見せる必要もなく，チェックに専念できるのです。

❷ 授業前にワイワイ騒ぐ集団にも目線が利く！

さあ，準備ができました！　授業のはじまりです！

となった時，子どもたちは教師の側を見ていなくてはいけないのに，4～5人の子がワイワイと騒いでいるなんてこと，ありますよね？

こうした時，若い教師がよくやってしまう失敗は，
「静かにしなさい」
と言ってしまうことです。これではダメなのです。

「子どもたちを静かにさせたい時に，『静かにしなさい』と言ってはいけない」

そう，口で言っても通じません。こういう時も，目線を使う方法があります。

「黙って，右から左へ一人ひとりを見つめて目線を動かして確認する」

4～5人くらいの騒ぎなら，教師の「沈黙して目線移動」で，ほとんど収まることでしょう。静かにしなさいという意志を目線で伝えるのです。

キーポイント ❷

**教室を「全体」または「個」だけで見てはいないか？
静かにさせる時も「目線」を活用しよう。**

教室を静かにさせる極意！ 1

> 静かにしてほしかったら，
> 教師が静かになる!?

❶ ユーモアのある指導のアイデアを

　子どもがうるさいとき，「静かにしなさい」という注意は若手のありがちな失敗とご紹介しました。
「静かにしろって言っただろ！」
　なんてキレるのは，三流のやり方です。ではどうするか。
「何もしないこと」 です。
　教師も困りますが，子どもも困ります。
　多少厳しく「このままじゃ，君たち帰れないよ」
などと言っていればいいのです。それで，クラスが静かになるかどうかを見る。全部が静かになったところで，初めて，授業を始めるのです。そういうことを，学級のルールで決めておきましょう。
「君たちがしゃべったら，僕はしゃべらない」
　そして，騒がしくなったら，
「かまくらとは…」
　とでも言って，授業の導入で止まってみましょう。「ダルマさんが転んだ」で遊ぶ時のように，教師が完全にフリーズするのです。しばらくして，「僕は約束を守ったでしょ？　君たちがしゃべるから僕はしゃべれない」と言えばいいのです。私は子どもの私語が出てくると，よくフリーズしてました（笑）。

最初は，こういうユーモアを入れて叱ること。これは，子どもと仲良くなるコツでもあります。勉強場面のほかすべてに言えることです。

❷ 最初から100%叱りをすると，後がないからナメられる

　どこか笑いのセンスを織り交ぜながら叱るわけですけれど，本当に叱る時は，笑いは一切入れません。だから，子どもたちは怖いわけですよ。「笑いが消えた」って（笑）。

　最初から100%の怒りで叱っちゃったら，もう後がありませんから，ナメられちゃうんです。**だから，全力で叱る前に，にこやかに注意をするという工夫をしてみましょう。**

　私がよくやったのは，自分がフリーズすることですね。
「君たち，静かにせいへんしー」
「勉強は進まへんしー」
「僕は家に帰られへんしー」
　って授業をしません。関西のノリです（笑）。
「お互い困るよねー」
「私たちの平和のために，授業しません？」
　と言っているうちに，静かになってくるんです。
　私の場合，「笑いを取る」というのが授業のすべての基本（笑）。授業はエンターテインメント性のあるほうが，教師も子どもたちも楽しいと思いますよ。

キーポイント 3

叱る場面，静める場面でもユーモアを入れよう。本気の叱りの時「笑いが消えた」と子どもはおののく。

教室を静かに させる極意！ 2

★……………… クラスで一番うるさいのは誰……
え，私⁉

❶ 教師が注意するほど子どもの声はさらに上を行く

「そこ！　立ち歩くのはやめなさい」
「田中！　前の子にちょっかい出さない！」
「静かにしなさい‼」
　若手教師の教室で，よく聞かれるセリフです。
　前項で，「何もしない」で静かにさせる方法をご紹介しましたが，
「そんなの無理だよ，実際はこんなに怒鳴ってるよ」
　と，お思いの方も多いでしょう。
　しかし！　この教室で一番，うるさい人は誰でしょう？
　田中君ですか？　立ち歩き君ですか……。いえ，教師です。そう，よくみられる光景です。しかも，注意する声が大きくなるほど，子どもたちの騒ぎ声も大きくなります。
　教室を静かにさせる極意！　1で一度静かになっても，また騒がしくなって，1時間に3回以上やるようならば，それは多すぎです。
　そんな時に，活用したいのが「シーッ＆指さし」です。
　口の前に人差し指を立てて，「シーッ」のポーズをします。反対の手で指を折って数えて，何秒後に静かになるか測ってみるのもいいですね。それでも騒ぐ子たちがいた時は，「シーッ」のポーズのまま，一番騒いでいる子を指さして，見つめます。

それでも静かにならなければ、騒ぐ子たちの横に行って、授業の説明を始めるのです。
「大事な説明ほど小さい声で言う」というのも、よく活用しました。全員が静かにしないと聞こえないですから、周りの子たちが注意をし合って、聞こうとしてくれます。

❷ 子どもの質問に引きずられるな

　授業で教師が説明をしている時に、途中で質問発言をする子がよくいます。まっとうな質問だったり、ちょっと聞いていなかっただけだったりするのですが、この対処には注意が必要です。

　教師が、その質問に答えて話が脱線していくと、だんだん質問という名の「ふざけ」が出てきますし、真面目に説明を聞こうとしていた子の意欲が削がれます。気づけば学級崩壊へまっしぐら、なんてこともあるのです。質問は質問の時間以外に認めないのが基本です。

　何か大事な時は、後で質問の時間を取りますといって相手にしないのです（ただ、質問が出ないように準備しておくのが基本ですが）。

　質問を許して対応することは、授業の進行を子どもに渡してしまうことでもあります。

「今から説明をします。わからないところは後で質問の時間をつくるので、まず最後まで聞いてください」

　こう言い続けること、説明中は断固として質問を受けつけないことで、クラスのルールとして定着していくでしょう。

キーポイント ❹

**騒がしい子に指さして「シーッ」。
それでも騒いだら、その子の近くで授業再開。**

勉強は「集中」の練習である

★ 授業にお笑い要素が入ることで
子どもは安心

❶ 集中に一番必要なのはリラックス

　前述に書いたように，私が授業にお笑い要素を入れていたのは，関西人のノリというだけではありません。勉強とは「集中」の練習です。社会に出たら，どんな職業についても必要とされる大切な能力ですよね。

　授業にエンターテインメント性があると，子どもたちがリラックスできるのです。リラックスできれば安心できます。

　実はこの安心，安全という気持ちが，集中の大前提なのです。子どもたちは，ほっとする環境があってこそ集中できるのです。

「さあ！　これから集中するぞー！　勉強するぞー！」

　なんて，教師が情熱100％で突っ走ってくると，子どもは引いてしまいます。

　だから，授業開きの日は大切です。ここで，クラスのルールづくりをしますが，よくあるミスが，「細かいルール設定」です。あまり細かく設定すると，だんだん教師もよくわからなくなって，それが学級崩壊のもとになってしまうこともあります。

　子どもが安心，安全，リラックスできるように，クラスのルールは増やさない。私はいつも３つまでとしていました。それは，

１．なまけない

2．傷つけない
3．嘘をつかない

です。学級づくりの原則だと思っています。

❷ 単純なルールほど，応用が利く

　何かトラブルがあった時，たいてい，この3つのどれかに引っかかります。大雑把なようで，実は大変応用が利くルールなのです。
「宿題忘れたー？　なまけたな！」
「ケンカしたー？　傷つけたな！」
「自分は悪くないー？　嘘ついたな！」
　特に，「3．嘘をつかない」は，子どもが良くないことをして，ごまかそうとした時に活用できるルールです。
「この3つしかルールはないけれど，破ったら厳しく叱るで！（※関西弁で）」
　と，断固とした態度で最初に宣言しておきます。そして，何かあれば宣言通り厳しく叱ります。
　子どもたちは，
「3つのルールを破った子がいたら，先生はちゃんと叱るんだ」
　と安心できます。勉強＝集中のための布石は，授業開きにあるのです。

 キーポイント 5

授業に笑いを取り入れることで子どもは安心し，何をすれば叱られるかがわかれば子どもは自省できる。

教師の「顔の準備」で授業が変わる

★ クラスがドヨーンとしている時の
自分の顔は!?

❶ 教室の空気が悪い原因を10数年考え，悩み続けた

　目線の次に大事なのが，表情です。
　何の理由も思い当たらないのに，教室に入ると子どもたち全体がドヨーンとした雰囲気になっていることがあります。子どもの表情も，クラスの空気もドヨーン。
「なんじゃ，こりゃ!?」
　という感じの日。皆さんもご経験があるでしょう。
　天気もいいし，外に行って遊んだら楽しい日だなと思うのだけれど，ドヨーン。
「どうしてかな？」
　と，ずっと真剣に悩んでいました。そして，10数年経って，ようやくわかったのです。**子どもの表情は自分の表情の鏡なのです。要は自分に別の心配事があったり，体調が悪いと，自分の表情が沈み，それを子どもが気にして学級の雰囲気が悪くなるのです。**(笑)。
　本当に，子どもたちは教師の鏡です。その子どもたちを明るくしようと思うなら，教師が笑うように努力すればいいのです。だから，教室に向かう前に鏡に向かって，顔の筋肉をほぐしてニーッと笑うことにしました。できるだけ明るい表情で授業をするようにして，声のトーンなども気をつけるようにしたのです。

すると，子どもたちは見事に変わりましたよ（笑）。
　私自身が暗くよどんだ顔をしていたので，子どもたちも受け入れにくかったのでしょう。
「どうやって子どもを伸ばそうか」
と思い悩むより，まず笑顔をつくることです。

❷ 教育に対して小難しく悩むより「笑顔」をつくろう

　そんな取り組みを始めて効果が出たことを，あるとき職員室で話していたら，あるベテラン教師がこんなふうに言ってくれました。
「そういうものよ。私も教室に行く前に必ず鏡を見るの」
　どうやら，私以外の人にも効果のある方法だったようです。明日からすぐできることですから，ぜひやってみてください。
　ただ，最近の職員室の様子を見ると，こういうことを職員室で話し合うようなことがほとんどないことに気づかされます。本当は，「教師とは」だの，「教育の哲学とは」だのは要らないのです。考えるほど，暗くなるし重くなってしまいますよね。下手をすると授業が崩れてしまいます。
　教師の仕事は，極めて簡単で単純なことの積み重ねです。難しく考え，職員室に相談できる人もおらず，悩んで悩んで……。最後には，「オレに教師は向かない」
となってしまいます。悩むより，明るい笑顔をつくるほうが，きっといい効果が得られると思います。

 キーポイント ❻

**子どもの表情は教師の鏡。
まずは自分が笑顔をつくり，明るく振る舞う練習を。**

教師の言葉は「少なさをもって尊きとなす」

> だらだらと長い指示では、子どもたちは混乱する！

❶ わかりやすい指示。まずは箇条書き的な話し方を

　まず教師は、「なるべくしゃべらない」ことを、肝に銘じましょう。
「え？　しゃべって説明しないと授業にならない」
　と思われるかもしれません。しかし、校長が長々と話していたらいやになるでしょう。子どももおなじです。

　大切なのは説明すべきことをよく考えて、説明する言葉をなるべく濃縮して、短い言葉で伝えようということです。これは授業でも、そして授業以外の様々な指示する場面でも活用できます。

「最初にプリントを最後までやって、それができたら答え合わせをして、間違ったところがあったら直して、それを後ろの棚にしまって、それも終わった人は本棚から本を選んで席に持っていって、読書をしましょう」

　ふう……。こんなふうにだらだら説明していたら、多くの子どもが途中で何をすればいいか、わからなくなってしまうでしょう。話すことと話す内容を減らすこと。これが授業の集中を生みます。

　子どもにわかりやすい指示になるように、工夫する必要があります。もっとも簡単で子どもが理解しやすいのは、「箇条書き的に話すこと」です。これは、大人のビジネスマナーとしてもよくいわれていることですね。

「一番目，プリントをやってください。二番目，プリントが終わったら答え合わせをして直してください。三番目，プリントが終わったら後ろの棚にしまって，本棚から本を持っていって読書してください。そして，チャイムが鳴ったら終わりです。何か質問は？　ないのね。じゃ始めて」

　ずいぶん，わかりやすくなったと思いませんか？

❷ 伝えたいことをなるべく一言で言うため一晩悩もう

　よく説明するのにポイントを3つにするのは，子どもにとって多すぎず，少なすぎず，覚えやすい量だからです。これ以上増えると，メモを取らせるなど，違う手段が必要となります。子どもを一気に動かす時には，とても効果があります。運動会の練習などでも，活用できますね。

　指示を3つにして，子どもが動くようになってきたら，ぜひ次の段階にチャレンジしてください。あれこれと多くの言葉で説明するのではなく，「教えたいことを一言で言うには？」と考えてほしいのです。

　もちろん，簡単にできることではありません。でも，「わかりやすく教える」というのは教師の使命でもあります。子どもを瞬時に理解させるには，どう言えばいいか!?

　教える内容を，言葉を減らして濃縮すること，濃縮してエキスの部分まで紡ぎだすこと。それには，まずは一晩，悩みましょう。それをくり返すことで，短くピシッと伝えられるようになります。

キーポイント 7

子どもへの指示は，言葉を減らしてより短く濃縮しよう。最初は箇条書き的に話すのもよし。

重要なことは2回言う

★ 「言葉の言い換え」は，逆に子どもが混乱する

❶「わかりやすく言い換え」がわかりにくい

　若い教師の授業を見ていてよく感じるのは，一度子どもたちに出した指示がうまく伝わらないと，違う言葉で言い換えることです。
「もっとわかりやすく言ってみよう」
　と思うのでしょう。
　でも子どもたちにとっては，全然わかりやすくない！　むしろ，混乱するだけです。子どもが聞く言葉の量が増えるからです。
　教師の指示は基本的に，後から言い換えるくらいなら，わかりにくくても，
「同じことをもう一度言い直す」
　としたほうがいいのです。
　子どもたちは，最初に聞いた指示が，なんとなく頭に残っています。でも，今ひとつピンときていません。しかし，もう一度同じ言葉で聞けば，わかります。言い換えをすると，違う指示だと勘違いしてしまうのです。
　ですから，最初からクラスのルールとして，「難しいこと，大事なことは2回言うよ」と，決めておくといいでしょう。
「これから，大事なことなので，2回言うよ」
　1回目に概要をつかんで，2回目ではっきり理解させることができ

るでしょう。

これは，子どもたち自身の活動にも応用できます。

❷ 2回言うことで理解が深まる

委員会活動や班行動など，子どもが他の子どもたちに指示を出すときも，

「指示は2回言う」

としておくと，メンバーをまとめやすくなるでしょう。

私は教師時代，この言い方をよく使っていました。

「難しいところだから，今から2回言うよ」

「大切なことだから，もう一度言います」

子どもの理解が，より深まります。

また，自分が出した指示を「わかりやすく言い換えよう」としたくなるのは，最初の指示が，子どもにわかりにくい言い方だったことを，反省すべき点と考えましょう。

そもそも，最初からわかりやすければ言い換える必要はないのです。

「よりわかりやすい言い方は何か？」

と，常に考え，自分はもっと学ぶべきなのだと胸に刻んでください。

子どもが話を聞いてくれないという悩みの多くは，こうした教師の言い方のスキルが低いのが原因です。

キーポイント ❽

**子どもへの指示がまずくても言い換えはしない。
「もっとわかりやすい言い方」を常に考えよう。**

「だらだら3時間説教」が効果あり!

長くてツラい3時間で
子どもは「二度と嫌だ」となる

❶ 年度初めに全員に対して1回やると1年効く!

　授業の中で，または校内の様々な場面で，「だらだらと話すのはダメ」と前項で書きました。しかし，だらだらした話し方が逆に役に立つ場面があります。そう，お説教です。これはある種拷問です。
　年度初めに1回，「だらだら3時間説教」をすると，とても子どもは嫌がります。そして，二度とごめんだと思うことから，大変効果があります。
　とにかく普段から思っていることを意図的に全員に対して3時間続けるのです。ときには4時間続けたこともあります。
「オレは，3時間くらい説教するのが得意なんだけど，知ってる～?」
　と軽いジャブを一発。そうすると，調子のいい子が，
「知ってる～!」
　などと言ってきます。これは，だらだら3時間説教の始まりです!
「昨日，△△君は掃除サボったな～。1週間前にもサボったやろ。あそこを掃除せんかった」
「2週間前もあったよな～」
「そういえば思い出したけど，お前，□□ちゃんにいたずらしたろ～!
　□□ちゃんが日記に書いておったぞ～」
　とにかく，嫌味ったらしく，徹底してだらだらと説教を続けるので

す。それも,天気が良くて外で遊びたくなるような日に(笑)。

　そしてその後は常に,前項に書いたような「言葉を少なく言う」を実践しましょう。

❷ 大事な話題ほど,短く話すことで子どもの心に残る

　大事な話題ほど短く話すほうが効果的です。たとえば,
「イジメで自殺した子がおったな。イジメは殺人や」
　と,そこだけ話します。すると,全員が考えることになります。ときには意味をとりかねた保護者からクレームの電話が来ることもありますが,
「心の教育です」
とでも言っておけばいいのです。

　体罰は絶対やってはいけません。体罰は「百害あって一利なし」ですから,体罰ではない,有効な叱り方の研究をすべきです。子どもは何をもって嫌がるのか,反省を促すにはどう展開したら良いか。そして,「もう二度とイヤだ」と思わせるのは何なのか。

　そして私は,「3時間だらだら説教」にたどり着きました。今,起きた問題に対してしゃべったかと思えば,過去のこともほじくりかえしてくる……。子どもはホントに嫌でしょう。

　地域差や諸事情,各学校で違うかと思いますが,長時間説教,ぜひ一度試してみてください(笑)。ただし,最初の1回だけです。そうしないと本当に嫌われます。

キーポイント ❾

**一度,あれこれとくだらないことを3時間説教。
だらだらとねちっこく続けるのがコツ。**

体罰は百害あって一利なし

★ 教師が手をあげて，子どもが伸びるはずがない

❶ 自分も受けてきたから効果のなさがわかる

　教師による「体罰」はとうの昔の話であって，今は禁止されています。もちろん，私も昔，多少の体罰をしたことがありましたが，やってみて気づきました。
「愛のムチ」などと，いくら理由をこじつけても，体罰は百害あって一利なしです。
　指導の一つになるわけがない。子どもにうらまれるだけです。自分もたくさん体罰を受けてきたからわかるんです（笑）。
　体罰というのは，ある意味，極限状態で起きてくるミスです。
　体罰以外の指導の方法が思いつかないから，体罰してしまうのです。万策尽きて，体罰をしちゃうんです。体罰が良いなんて思っている人は，一人もいないですよ。
「うちの子，叩いていいですから！」
　という父親がたまにいましたが，本当に叩いたら母親は黙っていないし，えらいことになりますよ。
　だから，いろいろ経験した中で，一番オーソドックスで王道で効果があるのが，あらかじめ厳しく指導しておくことです。「この約束を破ったら叱るぞ！」と。それが私の場合，前出の「3つのルール」というわけです。

それに，体罰は瞬間的なものでしょう。
「何やってんだー！」
「ばちーん！」

❷ 体罰以外の方法を考えよう

こんなふうにぶたれても，実は何の指導にもなっていないでしょう？　それよりは「だらだら３時間説教」のほうが効果的ですよ。そして，ここぞとばかりに注意しようとする時には，

急に大声で怒鳴る。

机の一つ二つはひっくり返しそうな勢いで。このくらいなら，ギリギリセーフなんじゃないですかね。まあ，あまりいい方法ではありませんが。体罰するよりはいいということで。

若い先生は，叱られたことがないのじゃないでしょうか。真面目で，学校の優等生みたいな子じゃないと，今，教師になれないでしょう。学力的にもね。それに，

「体罰なんてあるわけないよね」

という家庭で育ってきたから，体罰を受けたこともない。叱られたという風景すら，見たことがないんじゃないですか。

それでも，教師は「叱る」という行為が必須項目の仕事。自分なりの叱り方を，初担任の教室に入る前までには決めておきましょう。

 キーポイント ❿

**体罰よりも，子どもたちが嫌がる叱り方がある。
「大声で怒鳴る」くらいは使っても大丈夫。**

「小さいけど絶対的な指導」を特技に!

★ 最初の実践の武器は「立ちブリッジ」だった

❶ 江戸時代の子ができて平成の子ができない!?

　教師として，自信をもって踏み出すために，「自分だからできること」があるといいですね。**小さなことでもいいので，絶対に指導できることがあると，「やってもできない」ではなく，「やればできる」と実感すると思います。**

　陰山＝百ます計算と思われがちですが，新任時代は，まだ取り入れていなかったんです。初任の時からやっていたのは，体育のブリッジ。私が担任していた子どもたちで，ブリッジができない子はほとんどいません（笑）。

　8～9割の子が，立ちブリッジまでできました。体を後ろにそらせて手をついて，ブリッジを完成させるんです。それが目標！

　今どきの子でもできるかって？　もちろんできます（笑）。首の骨が折れて死んだ子もいないし，骨折した子もいません。

　そもそも，江戸時代には子どもが曲芸などで平気でバク転をしていたわけじゃないですか。江戸時代の子どもができて，平成の子どもができないなんておかしいでしょう？　栄養事情も体格もよくなっているのですから（笑）。

　コツは，同じ学年の子がブリッジをやっているビデオを見せること。子どもって，できないと思っててもやってる子がいるのを見たら，そ

こから俄然がんばるのです。

❷ 「できない」と思って「やらない」のが一番ダメ

「すごいでしょう，もう少しですよー。ほら！」
　と言いながら。さらに，
「今はもう，バク転してる子もいますよー」
　と言っている時には，映像の中に私が入ってきて，手伝っている姿が見えるんです。それでだいたい保護者も納得してくれます。
　立ちブリッジも百ます計算も同じ。とても似ています。
「練習すれば上達する」
「7〜8割は確実にできるようになる」
「できないと思って，やらないからできなくなる」
　最初は，頭を打たないようにいろいろな補助具を使ったりしていましたが，そのうち思ったんです。やはり，頭を打たなきゃならんと。「こんちくしょー！」と思わせなくちゃいけない。勉強も同じです。
「あの子はできる，この子はできない」
　と思うだけで，できない子をぼーっとさせていても仕方がない。
「悔しい！」と本人が思わなければ，絶対伸びません。あなたなりの特技で，子どもの悔しさを引き出しましょう。それは，必ず学力向上につながります。

キーポイント ⓫

**自分の特技を指導に活かせ！
子どもの「悔しさ」を引き出せれば学力向上につながる。**

「困難を乗り越えさせる」ことで+αが生まれる

★ 教師の本気度は職場にも保護者にも伝わる

❶ 子どもにこそ困難を与えよう

　立ちブリッジにはじまり，百ます計算へと続いた私のポリシーは，「困難を乗り越えさせる」ことです。
　できない状態に甘んじて，「キミはキミらしく，それでいいんだよ～」なんて言っていたら，学力が向上するわけがない！
　高い目標を設定して，取り組ませる。できなければ悔しいし，友だちがどんどんクリアしていけば焦ります。そうすることで，子どもたちは本気で頑張るスタートラインに立てるんです。
　それに，一度でも困難を乗り越えた子は，自分が伸びることを理解するんですよ。
　時間を計って百ます計算をやったり，漢字を一気に教えたりと，厳しい目標設定をしてやり続けると，やればやるほど早く済ませることができるとわかってくるのです。
　何度も繰り返しやるわけですから，テストの点が上がるでしょう。テストの点が上がれば，保護者も何も言ってこないでしょう？
　一度，集中的に身につけたものは体が忘れませんから，大人になっても正確な漢字がきれいに書けて，計算が早くできる。そうすれば，生きていくのに困らないでしょう。
　授業時数が増えて教えきれないこともなくなります。逆に，時間が

余りますよ。だから，早く済ませて空いた時間は，私の好きにやらせていただきました（笑）。

理科のオモシロ実験や，社会のフィールドワークなど，子どもたちと一緒にいろいろやりましたねえ。楽しかったですよ！

❷ 子どもや保護者にも「この先生は本気」と伝わる

子どもに厳しく指導をしていれば，当然，保護者からクレームが来るのも承知していました。最初から織り込み済みですから，ダメージは浅いかなと思ってましたが，結構辛いんですよ（笑）。

「そこまで言わんでもいいやん」と思っていましたね。

でも，すべてを覚悟して子どもを追い込んで指導しているわけだから，だんだん，子どもたちにも保護者にも，そういう意識が伝わるんです。「ああ，この先生，本気や」と（笑）。

とにかく，難しいことに挑戦させていました。絵のコンテストがあれば，できるだけたくさん入賞させる。そうやってひと目見て，伸びているということがわかるようにしていました。計算なら，保護者が真似できないようなスピードで子どもは解くし，保護者の知らないような漢字も書くんです。それも，完璧に，キレイに。バク転，立ちブリッジは前出の通り。鉄棒でぐるぐる大車輪みたいに回らせたりして（笑）。

「困難を乗り越えさせる」ことは，いきなり社会で体験するのではなく，やはり子どものころにやっておくべきことなのです。

キーポイント **12**

**漢字，計算などやるべきことは早く済ませる。
気づけば保護者より早い計算力，キレイな漢字を書いている。**

「面白く」「ラクをする」授業改善とは？

★ 教師自身が面白くラクになれば，子どももそうなる！

❶ 授業改善には後ろの黒板に貼り紙を

　最近は副校長をしていることもあって，いろいろな教師の授業アドバイスをすることも増えました。最近，考案したのが，貼り紙です。後ろの黒板に，自分の改善ポイントを書いて，貼っておくんです。

　心の中で気をつけていても，授業となると忘れてしまうし，後ろの黒板なら子どもから見えないのでちょうどいい！

「しゃべりすぎるな！」
「発問，指示，説明は１人１回15秒」

などと書いた紙を貼っておいて，授業中，見て確認するのです。簡単にできて，大きな効果が期待できます。

　これらは教師の心得であり，基礎中の基礎。だらだらしゃべる授業が一番ダメですから（笑）。

　授業改善に悩む若い教師が多いようですが，ものすごく単純なことを続けることで，あっという間に変わってきますよ。

　それにプラスして，ギャグなどを使って「面白くする」，頭をふりしぼって「ラクをする」ことを考え続ければ，本当に学力を向上させられる教師になれるのです。

　たとえば，国語の授業で，たんたんと教科書を読んでもつまらない。だから，私は俳優になったつもりでメリハリをつけてみました。「大

きい」と読む時は，声を大きくしたり，その文章に合った身振り，手振りをしてみたり。

飽きさせずに子どもを引きつけるコツでもあります。声の質，速さ，間合いを考えることで，子どもの理解も深まりますし，私もそのほうが楽しいですしラクでした（笑）。より大げさに，大胆に！

❷ 俳優デビューすることで授業がイキイキする

たったそれだけのことで，授業がイキイキしてきます。それほど準備も要らないのに，効果はバッチリです。

さらに，寸劇風に立ち位置を変えて，どんどん子どもたちの近くに分け入っていきます。すると，子どもたちはドキッとします。

いろいろな教師の授業を見ていると，そうした表現をする教師は，だいたい一目でわかります。子どもたちに「伝えよう」としている意識を感じますね。

授業がイキイキしてくれば，子どもたちもイキイキします。そして，活気のある授業になるのです。

教師が俳優になることで，子どもたちの音読も変わってきます。大きな声でテンポよく，メリハリをつけながら読むようになるでしょう。自分で表現しながら読むことで，心情把握，深い理解が得られるのです。効果はすぐに表われますので，勇気をもって俳優デビューしてください！

キーポイント **13**

**授業の改善点は紙に書いて後ろの黒板へ貼ろう！
教師が体を使った表現をすれば授業も活気づく。**

教師もあっと言う間にグーンと伸びる!

「発問，指示，説明は１人１回15秒」で大きな変化が！

❶「いい教師になる大事なこと」を知らないだけ

　子どもたちだけではなく教師だって，何かをきっかけにグーンと伸びるというのが，最近の私の結論です。本当ですよ！　しかも，それほど難しくなく，ほんのちょっとのことで見事に変わるのです。

　ある教師の授業改善を頼まれた時のことです。授業を見たら，まったくダメな授業だったんですね。

　前項でもちょっと触れた通り，「発問，指示，説明は１人１回15秒」というのが，教師の心得です。授業を授業たらしめる，基礎中の基礎。それなのにその教師は，子どもにだらだらと長く話をしていたんです。

　授業が終わってから言いました。

「(上記の理由から)99％ダメな授業でした。でも，一つだけよかった。子どもの話を聞くのに，膝をついて子どもの目線の高さで聞いていた。そこだけ正しいよ。おそらく大事なことを知らないだけで，良い教師になれる可能性があるんだよ」

　そこで，注意すべき点を項目として書いて渡しました。

　１か月後にもう一度見に行ったら，素晴らしい授業を展開していました。**そう，教師もポイントを押さえることで，あっという間に成長できるのです！**

　素直に他人からのアドバイスに耳を傾け，実行に移した行動力が，

いい授業に変えたのでしょう！　昔は徒弟制度の名残など諸事情によって，教えてくれる人なんていませんでした。皆さん，なんといい時代に教師になったのでしょう！

❷ 同世代とつるみ，口先だけの教師にならないために

　今の若い教師全般の印象は，「ひ弱で真面目」です。そして「楽しく生きようよ」って感じで，子どもに対して一所懸命じゃない人が多いと感じます。もちろん，そうでない人もたくさんいますが……。
　子どものことを考えずに授業しているように見えますね。
「授業すればいいんでしょう？」
　という印象で，しかも「口先ばかり」という人によく会います。
　あまりに素晴らしいことばかり言うから，よっぽどすごいんだろうと思って授業を見に行ってみたら，それがどうしようもないボロボロな授業……。
　前項にも書きましたが，同世代だけでちんまりとまとまっていても，いいことはありません。相談するなら職場の先輩が一番いい！　それには，いろいろな世代のいろいろな先輩とコミュニケーションできる力が必要です。
　いい先輩を見つけなるべくたくさん話すほうが絶対に教師としてグーンと伸びることができます。

キーポイント 14

先輩のアドバイスをたくさんもらえる教師でいよう。そのためにはまず素直でいること。

COLUMN 1

板書を一目見れば教師の実力がわかる
板書を消さずに放課後に板書改善の練習を

◆悪筆を直すためにまずはペン習字

　板書は，教師の世界では基本的な指導です。私は元々悪筆なのですが，教師という仕事を選んだからには，きれいな字を書かなければなりません。授業本番で練習するわけにいきませんから，教師には努力が必要です。

　最初はペン習字の教材を買って，毎日10数分，練習しました。主に，学校から帰った後の夕食の前後です。

　やってみたら，役に立つものだなーと思いました。書いた練習が，すべて次の日の板書に活かされるからです。板書の予習ときれいな字の練習が毎日，徹底反復されるのですから，思ったよりも短い期間で字はきれいになりました。

　放課後に残って，学校の黒板を使って，毎日板書練習もしていました。やはり，ペンとチョークでは，持ち方も書き方も違います。

　黒板を使うことで，書く内容を練ることができます。最後の授業で書いたものを消さずに残しておいて，それを修正していくのです。

　書き直して，きれいになったかどうか点検し満足したら消して，帰宅します。これを1年間続けました。

　そのうちに，せっかく時間をかけて修正したものを消してしまうのはむなしいなと思うようになりました。その時，いいことを思いついたのです！

◆次の日の1時間目の板書まで書いた

　次の日の1時間目の授業の板書を，書いておくことにしました。そうすれば，朝一番の板書をしなくてもすみます（笑）。

　子どもたちも，全部が最初から書いてあるので，授業内容がわかり，授業に集中してくれました。書く時間が要らないので，授業もすいすい進みます。教師にも子どもたちにもうれしい方法でした。

色チョークの使い方も自分ルールをつくって，子どもたちが見やすいように工夫しました。
　円はコンパスで，直線は定規で書くと決めていたのは，手間はかかるけれど，見ている子どもたちもコンパスや定規を使って書くのできれいなノートになるからです。ノートがきれいになると，学力も上がっていきます。
　このときの板書練習の癖で，授業が終わったら教室の後ろから板書をチェックするようになりました。授業に夢中になると，自分の悪い癖が出るものです。だから最後に子ども目線で見て，微調整をしていたのです。
　またこの経験のおかげか，板書を見れば，その教師がどのような指導をしてきたか，わかるようになりました（笑）。

第2章
失敗こそが教師を育てる！若い教師のための仕事のオキテ

私が教師になったきっかけ

★ 実はアナウンサーに
なりたかった私

❶ 就活でアナウンサー試験に次々と落ちる

　実は，最初から教師になりたいわけではなかったんです。大学生の時に，放送局でアルバイトをして，とても楽しかったから，アナウンサーになる！　としか，考えていませんでした。

　だけど，現実は厳しい……。就活の時期に採用試験を受けたのですが，次々に落ちまくりました。補欠試験にひっかかり，最後の望みをかけたのですが，結果通知より先に大学から，「卒業するか，大学に残るか」の決断を迫られたのです。

　悩みに悩みましたが，卒業することにしました。その直後です。不採用通知が届いたのは……。

　当時，アナウンサー試験は，大学卒業見込みの者しか試験を受けられなかったんですね。本当に，頭が真っ白になりました。

　アナウンサーになれない。卒業間近なのに就職も決まっていないし，大学を卒業しなくてはならない——。

　そんな時，教師という選択肢が脳裏をよぎりました。親から，よく言われていたからです。

「もう親の言う通りに，教師にでもなるしか生きていけない」

　そう考えて，アナウンサーへの未練がたらたらのまま，教師になることにしたのでした。

まさに「でもしか教師」です。しかも、アナウンサーになるつもりでしたから、教員免許も持っていなかった（笑）。

❷ 通信講座をガリ勉して教員免許を取得！

そのころちょうど、佛教大学の通信課程という講座を受けると1年間で教員免許が取れることを知りました。もう、ガリ勉の毎日です。教育学部ではなかったので、基礎の基礎からわからないことばかりです。とにかく丸暗記。

そして、
「いつかいい教師になって、アナウンサーにインタビューされるようになろう」
と思っていました。でもこれは本心ではなく、アナウンサーへの未練だらけだった負け惜しみなんですけれど。

最終的には、佛教大学の単位をすべて取り、教員試験も合格しました。この1年間のガリ勉こそ、今の子どもの指導法の基本になったのです。不思議なものです。

また、子どもたちに、
「一所懸命勉強しろ」
と言ってきたのは、この「ガリ勉体験」による成功があったからかもしれません。教育のことをまるで知らない私が、猛勉強することで無事に教員免許が取れたのですから。そして、「アナウンサーの夢、破れたり」という気持ちを救ってくれたようにも思います。

キーポイント **15**

**目標を持って挑んで失敗したら、
次善の策に全力をかけろ！**

「でもしか先生」の強みとメリット

★ いろいろなキャラクターの人が
教師になるべく集まってきた

❶ 担任する教室に入って「教師なんだ」と実感

　大学の教育学部で4年間，真面目に学んできたわけではない私は，まさに「でもしか先生」でした。最初はふわふわしていて，現実感がないままです。

　現実に直面したのは，初めて新任教師として担任クラスに入った時です。

　ざわめいていたクラスに入ると，子どもたち全員の目がパッと私に注がれました。みんなから，熱い期待感が伝わってきます。

　「あ，いつまでも失敗を引きずっていてはいけない。教師という人生が始まったんだ」

　そこから，いろいろな教師がどんな授業をするのか見て，真似をして，なんとか授業を始めていったのです。当時，私のような「でもしか先生」がたくさんいました（笑）。

　当時の時代背景が，今とはまったく違いました。

　今は，真面目ないい子ちゃんが多いでしょう？　私が教師になったころは，教師に夢や希望を持っていた人たちばかりではなかった(笑)。

　元は土建屋をやってて，倒産したから教師になるとか，田舎に帰って公務員をやらないとやっていけないとか，そういう人たちもたくさんいました。道徳の縛りのないような人たちが集まっていたんです

(笑)。

「一番効率よく飯が食えるのが教師だ」

といわれていたころであり，しかも大量採用の最後の年です。次の年から，3分の1くらいにぐっと減りましたね。

❷「でもしか先生」でいいから仕事に必死になれ

さらに私は，1年間の通信教育で教員免許を取りましたから，少し変わっていたんでしょうね。大学で学んできた人は，教育として「人間のあり方」みたいなものを学んできたわけですが，幸いなことに，私にこれがない（笑）。

でもそのおかげで，子どもを伸ばすため，「要領よくやるにはどうしたらいいか」「無駄を省くにはどうするか」と考え，実行し続ける教師になったのではないかな？　と思います。

今の若い先生の多くは，そんなことを考えもしないでしょう。小さいころから優等生だった人が多いから，そういう発想がでないんです。優等生ほど職員室で縦に横にとつながることもなく，コミュニケーションもとらない。しかも，スマートさが大事で，仕事に必死じゃない。

「でもしか先生」でも，仕事を体当たりで必死にやる人のほうが絶対伸びます。

今は，教員免許の更新制が始まり，研修やらも増えたし，今後，誰が教師になりたがるのか心配です（笑）。

キーポイント **16**

優等生のまま教師を目指し，教師として働いていないか!?　発想力，コミュニケーション能力を活用しよう。

最初の1年は120%の力を出して仕事しろ！

恋人もつくらず，
海外旅行にも行かず――。

❶ 1年目からノウハウやテクニックに頼ると大失敗に

教師1年目は，死に物狂いで仕事をしてほしいと思います。

　これは教師に限らず，どんな仕事でも同じでしょう。1年目というのは，リスクと失敗の連続ですから，とにかく仕事に集中！　です。恋人もつくらず，海外旅行にも行かず，仕事に打ち込みましょう。

　そんな1年目を過ごして初めて，有意義な学校生活，教師人生を送れるのだと思うのです。

　120%の力を出して，自分の時間を犠牲にしても，子どもたちのことを考え続ける，仕事にこだわり続ける，保護者の信頼を勝ち取ることに全力で挑むのです。やれるだけのことをやって，教師という仕事の理屈がわかってくれば，あとは要領よくこなせるようになります。

とにかく新任は注目されます。1年目が勝負なのです。

　逆に，最初からノウハウやテクニックに頼ろうとすると，空回りしてスベるだけです。むしろこれでうまくいくともう必死になることができなくなる。

　最初に一所懸命，泥くさく，がむしゃらに仕事をすることで，初めて有意義な学校生活や人生が送れるのだと思うのです。

　1日は24時間でしょう。仕事は8時間，1日の3分の1は働いているわけじゃないですか。自分の人生が豊かであるかどうかは，「仕事

の8時間」に尽きます。

　そのためにも，「しっかり仕事をする」と，腹をくくる必要があると思うのです。

　そういう1年間を過ごしたら，問題があった時に先輩に相談しましょう。普段から必死に仕事している新任なら丁寧に教えてくれるはずです。「1年やってわかったから，次のことをやってみよう」とチャレンジすることもできます。

❷ 「私生活を大事に」はやるべき仕事をやってから

　私はいろいろな場面で，教師たちが仕事をし過ぎてはいけないし，夜，遅くまで学校にいるようではいけないと言ってきました。生活習慣も崩れてしまいますからね。

　でも，1年目は別です。まずは，仕事にのめりこまなくては！

　今，「私生活を大事にしよう」といわれていますが，私生活とは，しっかりした仕事の上にあるのです。

「年収が低いから結婚できない」

　というのと一緒で，生活の基盤がはっきりしないのに，家庭生活がどうのこうの，プライベートがどうのこうのと言うのは，ありえないでしょう。

　繰り返しますが，ノウハウやテクニックで，1年目をこなそうとする若い教師は多いですが，まずは体当たりで子どもに当たってほしいと思います。

キーポイント **17**

教師1年目から要領やテクニックに頼らない！
自分の仕事の基盤づくりとして仕事一筋に頑張ろう！

初年度のガムシャラが生む大きなメリット

★ 悩むべき時に悩まないと成長しない

❶ ガムシャラは保護者，教師にも伝わる

　私は新任時代は本を読み，研究会にでかけ，自分から研究授業を申し入れてました。そして当時は土曜日午前中授業がありましたが，午後は仲間の先生といろいろな話をしてました。

　１年目にガムシャラに頑張るメリットは，とても多いのです。教師のそんなガムシャラさを見ていたら，子どもたちにも保護者にも，職員室の他の教師たちにも伝わります。

　だから，他の先生に相談できるし，親身になって相談にのってくれるでしょう。同じ現場の先輩のアドバイスほど，的確なものはありません。

　ガムシャラでも，失敗はします。悩みます。

　でもその悩みを，ヘンに恋人に甘えることで解消して，何となくスルーしてはいけないんです。悩みが半減しちゃいます。悩むべき時に悩まないと，成長できません。

　それから，男女だけでなく，ゆとり教育世代の教師同士，同じような者ばかりで付き合うのはダメですね。いろいろな世代の先生とも話をしながら，視野を広くもつことです。費用もかかりますが，自腹を切って学ぶことは，力になります。

❷「3時間だらだら説教」は戦略的に使うもの

　私が教師になったばかりのころは，先輩が厳しかったので，相談にのってもらうのも大変だったんですよ。今は大いに先輩に相談できるのですから素晴らしい！　そうやって最初の1年間で，仕事仲間をたくさん見つけて，自分の指導の土台を固めてほしいと思います。

　その土台がないと，表面を形式だけ真似してしまうのです。「だらだら3時間，説教しましょう」と書いたことを，ただ「3時間説教」をしてしまうことになってしまいます。
「陰山の本に書いてあったからやってみた」
　という程度では，全然主旨が違います。
　私は，あくまでも戦略的に「3時間説教」をしていたのです。年に1回，年度初めにやっておくことで，
「オレ，3時間説教するの得意やから〜」
　というだけで，子どもたちはわかってくれるんです（笑）。
　昔は体罰がありましたが，今は禁止されています。
「3時間だらだら説教」は，私なりにたどり着いた「体罰の替わり」なんですよ（笑）。

キーポイント 18

自腹を切って研究会に行き指導力を高めよう。

仕事とはリスクと失敗の連続である

失敗，バンザイ！
ここから何をどう学ぶか！

❶ 日本教育の最大の間違いは努力を尊び過ぎること

　教師とは，子どもたちの人生を扱う仕事です。これは，よーく理解しておいてほしいですね。

　前項にも書いたように，教師向けのいろいろな本でノウハウやテクニックを学び，頭でっかちになるのは，本当の学びではありません。

　では，本当に「学ぶ」というのはどういうことだと思いますか？

　実は人間は，失敗からしか，学べないんです。「失敗は成功の母」なんて言葉もありましたが，まさにその通り！

　ただ，失敗しただけではダメです。問題は，失敗し，そこを打開して，克服しなくてはなりません。そして，何回克服してきたかによって，その教師の仕事のレベルが変わってくるのです。

　問題は，「どう克服してきたか」です。

　しかし，教師の世界には，実社会では全然役に立たない常識が，今も信じられているから困るのです。

　日本の教育界での最大の間違いは「努力を尊び過ぎること」です。これは大きな誤解です。実社会では，全然役に立たないですよ。

　たとえば実社会で，「一所懸命，真面目に頑張って契約を取れなかった人」と，「半分遊びながらも，すぐに契約が取れた人」がいた場合，どちらが優秀でしょうか。

もちろん，後者ですよね。
　前者は，実社会では必死でやってダメってことで可能性もないということで，なまけてた方がまだ可能性があるってことになるのです。

❷「要領がいい＝ズルい」は大間違い

　今の日本の学校教育における価値観は，実社会からかなり「かい離」しています。
　もちろん，一所懸命やっていてもできない子，これは大事にしてあげなきゃいけないですよ。でも，「できない子も認めてあげましょう」とか，まして「できなくても，それは素晴らしい」という価値観は，正直，どうかと思います。
　子どもが努力している以上は，結果を出させなければならないでしょう。子どもの努力に成長の事実を返してあげないと。それが教師の仕事です。しかし，時間が十分あるわけではない以上，だからどう工夫し，要領よくやるかを必死に考えることです。
　日本の学校教育でも，実際の社会でも，「要領のいいヤツはズルい」という考えが蔓延しています。でも，これは大間違い！
　要領がいいことは，重要なんです。人生は，リスクと困難の連続ですから，どうしようもなく追い詰められた時，打開することで成長するでしょう。「どうしたらいいか」と考えること。それが重要なのです。
　少ない労力で最大限の効果が上がれば，子どもも意欲をもつのです。

キーポイント 19

「失敗をどう克服するか」が自分の成長のチャンス！　要領よく子どもを伸ばせるならそれが正解。

新人教師は指導法を子どもから教わろう

★　教師が成長しない限り
　　子どもたちは変わらない

❶ 普通の授業では子どもが理解してくれない

　初担任のクラスでは，授業も初めて，教師としても初めてでしたから，自分に力がありませんでした。他の先生の授業を参考にしたりして，何とかやってます，という状態です。
　でも，普通の授業を何の工夫もなくやるしかなかったわけで，やはりそういう授業では，子どもたちが全然わかってくれないのです。
　私もせっぱつまってきて，苦し紛れに，
「わからない子は前に出ておいで」
と黒板の前に呼びました。
　そこで，「第1のヒント～」「第2のヒント～」と出していって，わかった子から席に戻していきました。第4ヒントくらいになると，ほとんどの子がわかります。
　苦し紛れのやり方だったのですが，この時，
「子どもによって，わかる段階が違うんだ」
ということを学びました。
　そして，教師が成長しなければ何も始まらないのです。
　そのころは，職員会議で何か意見を言っても，
「もっと結果を出してから言ってください」
と先輩から突き返されたこともありました。反感をもったこともあ

りますが，その後結果を出した時は認めてくれたのです。鍛えてくださったんだな，と今は思っています（笑）。

❷ 今を頑張る若い先生へ

「やりたいことをやれ」

と言いたいですね。それが，基本的に正しいのです。やりたいことというのは，やることで楽しくなることです。またやりたい指導というのは何かしらそう思う理由があるからで，それはうまくいく可能性が高いのです。

最初は趣味でも何でもいいから「楽しい」とはどういうことかを体験して，その楽しさを指導に盛り込んでみるといいのではないかと思います。

間違っていれば，周囲からよってたかって責められるでしょう。でも，それがチャンスです（笑）。では，どう直したらいいのか，教えてもらえます。

やりたいことをやるメリットは，良くも悪くも結果が出ることです。結果が悪かったら，それを肥やしにして内容をブラッシュアップすればいいだけのことです。そうやって，やりたいことを続けていくと，「本当にやりたいこと」が明確に見えてきます。そうしたら，より楽しくなってくるじゃないですか（笑）。

楽しく仕事をして，子どもたちにも効果が表われるようになってきたら，サイコー！　だと思いませんか？

キーポイント ❷⓪

まず自分の好きなことや得意なことを活かして指導しよう。

あらゆる「無駄を省く」ことから始めよう!

> 「要領よくすること」が学力向上につながった

❶ 自分一人で「主任」をすべて引き受けた!

「少ない労力, 最大限の効果」

　私も最初のころは, 道徳的に考え, こういうことはしちゃいけないと思ってやらないことがいくつもありました。でも, ようやくわかったのですが,「これが一番有効!」と確信が持てたら, その実践をやってしまえばいいんです。

　具体的に言うと, その極めつけが漢字指導でした。だらだらと, 少しずつ教えていくより一気にたくさん教えたほうが結果が良かった。それで1年分の漢字を2週間で, 4月中に教えちゃいました。私の指導で, 一番ジャンプアップしたきっかけは, この漢字指導でした。

　山口小学校に行った30歳くらいのころ, ものすごい荒業（!?）にチャレンジしました。教師みんなが嫌がる仕事を, すべて引き受けたのです。嫌がるというのは, 面倒くさくて, 責任が重くて, その分手間がかかることです。それを全部自分がやれば, 他の先生と打ち合わせや調整をする必要もなく, 要領よくチャッチャとできます。

　生活主任, 研究主任, 高学年担任, 授業開発と, 全部一人ですから大変でしたけど, だからこそ,

「どうやったら要領よくできるか」

　と考えました。

専科の授業で空く時間を活用しましたし，何より全体の仕事が私のところに来るので，全部自分がやりやすいように変えたんです。みんなも協力してくれますし，全体の動きがよく見えたのです。

❷ 一手に引き受けたことで余計な会議がなくせた

　生活指導なら，
「生活アンケートをします」
　と言って，研究主任の私が私に，
「生活指導の研究，この日にやりましょう」
　と伝える（笑）。時間の無駄がゴッソリ削れました！
　そんな感じで，職員会議以外は，会議を全部なくしました。それまで，多くの先生がそういう会議に付き合わされていたんですよね。効率の悪い生徒指導会議とか，学年部会。私がやれば会議が減るし，みんなもうれしい。私もハッピーじゃないですか。
　それでも，学校を7時以降に帰ることはありませんでした。要領のよさと無駄のカットは，教師にとってスキルです（笑）！
　しかしその後に指導要領が変わって，授業が増えてきました。
　だから，より短時間にすますにはどうしたらいいかを第一に考えたのです。よりいいものなんて考えたら時間はいくらあっても足りず，中途半端になります。だから，時間内にできるようにやり方を変えたのです。

キーポイント 21

学校の固定観念にはまってはいないか!?
要領よく無駄をカットする方法を考えよう。

一番反対しそうな人に最初に相談

失敗したときのリスクを
教えてくれる貴重な存在

❶ 全く違う考えの人からこそ学べる

　教師になって10年もすると，
「学校としてこんなことをやってみたいな」
　と，思うようになるものです。
　私はそのころ，山口小学校に勤務していました。当時，私より年下の教師は一人しかいなかったんですよ。ベテラン教師が多い職場でした。どこもそうかと思いますが，若手が言うことに絶対反対する人っているものです。
　ですから私は，何かやりたい時は，まず「一番反対しそうな人」に，最初に相談することにしていました。若い教師だからこそできることかもしれません。
「先生，こういうことをやりたいんですが，どうでしょうか」
「先生が賛成してくだされば，できると思うのですが……」
　と，こんな感じです。要は，根回しですね（笑）。
　反対するであろう人に相談すると，びっくりはされますが，悪い気はしません。逆にアドバイスしてもらえるんです。
「それをやり過ぎて，こんなことになったらどうするの？」
「昔，似たような取り組みでこんなトラブルがあった」
　と，反対する理由＝クリアすべき点を話してくれるのです。

一番考え方が違う人と話すのが，実は一番勉強になるのです。逆に，同じような考えの人に相談すると，お互い「そうだよな」となって深く考えないために，大失敗の元になるのです。

❷ 困った時は校長が謝り役に

　反対の考えの人に，
「〇〇だから無理だ」
　などと言われたら，
「そうですよねえ」
　と言っておけばいいのです。でも，そこは粘って，
「先生のおっしゃることは当然なんですけれども，一回私にやらせてもらえませんか？」
「ちょっとだけ大目に見てもらえませんか？」
　と言えばいいんです。とにかくあきらめない。
「じゃあ，やってみろや」
　と言ってもらえたら，他の先生に相談する時も，
「あの先生にも直接話して賛成してくれましたし……」
　と，了承してくれやすくなります。当時はやりたいことに，その先生の力が必要だと思っていたので，反対する人への相談は当たり前だと思っていました。こうするともっともきらいになりそうな人が，もっとも応援してくれる人になるんです。すると学校ぐるみの実践が可能になってくるのです。

キーポイント 22

**反対意見をもつ人は，
やりたいことの課題を教えてくれる。**

新任時代は反対されたら「やりたいこと」を諦める

> 反対されたら一度は
> 「はい」と同意しよう

❶ 自分のできる範囲で何ができるのか

　本当に教師になりたてのころは、「こんなことがやりたい」と思っても、反対されてできないことがあります。そういう時は、とりあえず諦めたほうがいいですね。
「こういう素晴らしい教育をしたい」
　と思っていても、いろいろな事情があって反対される——。それなら、ギャーギャーと戦い……いえ議論を挑むのではなく、「では反対された立場で、できることは何か？」と考えることが大切です。
　若いころは大きすぎる理想をもってしまいますが、「とりあえず、無理！」と理解した上で、自分のできる範囲でできる小さな成功は何か、見つけたら小さなことに全力を尽くすと考えたほうがいいですね。
　たとえば他の先生に、
「漢字指導、一緒にやりましょうよ」
　と言っても、相手が×であれば、「わかりました！」と言って、自分のクラスだけ一所懸命、漢字指導をするとかね（笑）。波風立たせず、「はい」と言っておけばいいんです。一度同意して、その場で抵抗はしないでおきます。
　その後、では、どうしたらいいか？　と考えるのです。
　よく私は、反対されたことを「目の前の大きな石」にたとえていま

す。
　まずできることを考え，そこでできる限り高いレベルの成功の事実をつくる。先輩から見ると，新任の意欲って不安にしか思えません。しかし，小さくても事実は信じられます。まず，信頼をつくるためにも，成功の事実をつくることです。

❷ 最初から大きく変えることはできない

　力まかせではなく，少しでもいいから「動けばいい」と考えることです。となると，自分一人なら，石の近くに穴くらいなら掘れる。少し掘って石を押したら，ゴロリと少しは動きます。
　そのくらいの考え方で，自分のクラスで，少しだけ他と違う漢字指導を始めてみるのです。
　若い先生の挑戦は，弱者の戦いでもありますから，大きく動かそうと思わないほうがいいのです。それより，何ならできるかを考えて，動き出しましょう。他の誰が見てもつぶさない，つぶせない，そういう取り組みがつくれたら，成功した時に誰も何も言いません。事実ができれば最初に誘ったのに断った先生は，悔しがるでしょう（笑）。
　それに，穴を掘ってゴロリと石が転がったなら，もっと掘っていけば別の道が見えてくるかもしれません。ちょっとでも少しでも石を転がし続けるということがとても大事なのです。

キーポイント **23**

**反対されたら，「どうしたらいいか」を考える。
少しずつでも始めれば道は見えてくる。**

自分の取り組みを「学校全体」の王道に

反対されても諦めず，
戦略を立てて取り組もう

❶ 5年担任のとき，3年の漢字だけできない理由

　前項で書いた通り，反対された取り組み＝石を，少しずつ転がすことで，学校全体に波及させることもできるのです。

　山口小学校時代，私は学校づくりをしたいと密かに思っていたんですね。でも，やりたい取り組みはとりあえず反対されました。

　漢字指導を，全校でやりたかったんです。そこで，5年生を担任している時，石を転がし始めました。

　まず，自分のクラスの漢字レベルを調べてみると，3年生の時の漢字より4年生の漢字のほうがよくできていたのです。

　「3年生の漢字のほうが簡単だけど，4年生の漢字は前年に習ったからかな？」

　と見ることもできますが，それにしても3年生の漢字のダメさが尋常じゃなかったのです。なぜだろうと考えているうちに，ふと気づいたんです。

　「原因は3年生の指導だな」

　って。3年の時の担任教師の顔が思い浮かんだ時にわかったのです。漢字指導をおろそかにしていたんだな，と。教師って意外と自分の指導の欠点ってわかりにくいものなのです。

　各学年の漢字テストを調べたら，さりげなく，その先生以外の指導

でも，漢字の力が落ちている部分があることがわかりました。
　結果が見えたら，他の教師たちもそのままにしておけません。
「では，みんなで漢字指導をやりましょう」
　となりました。これまでやってこなかったその先生も，漢字指導をやらざるを得なくなりました。

❷ どこに「突破口」があるか？　を常に考えよう

　全校で取り組みたいなと思ったら，
「自分のクラスでは，こういう指導をしてこういう効果が出ましたよ」
　と言うこともできます。結果が出ているのだから，じゃあそれでやりましょう，となりました。結果的に，自分の取り組んできた漢字指導の方法が「王道」になったんです。
　どうしたらできるのか，突破口はどこにあるか，戦略を立てるのってとても大切です。私は常に，それを考えていましたね。ダメと言われて，諦めたら終わりですから（笑）。ダメと言われて，そこから始まるのです。
　小さくていいから，石の近くに穴を掘り始めてみてください。

キーポイント **24**

自分の取り組みを全校で行うにはどうしたらいいか？　突破口を考え続けよう。

「成績が上がる指導」をすればみんながハッピー

> 保護者も子どもも喜ぶ
> 高得点のテスト

❶ テストの点数を上げる指導なんて簡単だ

　では、若い教師たちに向けて、具体的で重要戦略をご紹介しましょう。

　まず、保護者です。学校というのは、勉強するところであり、成績をつけるところだと再認識しましょう。保護者は、ズバリ成績が上がれば喜びます。

　皆さん、錯覚しているのですが、「学力が上がる」ということと、「成績が上がる」ことは別物なんです。

　では、成績が何によって決まるのか。それはテストの点数が一番大きいでしょう。まず、保護者がほしいのは、一定以上のテストの点数です。

　それならば、テストの点数が上がるような指導をすればいい。大学受験の難しいテストなんて私もわからないけれど、小学生のテストの点数の上げ方なら、教師は誰でもわかります（笑）。だいたい教師はテストの内容を知っているのですから。そんなテストの点を上げるのなんて簡単でしょう。

　テストで問題を出して、この子はできてる、この子はできてないとわかりますし、間違っている問題がどれかわかるでしょう。ならば、その問題を、繰り返し練習させて、理解させればいいのです。

子どもを伸ばすポイントというのがあるのです。

そこを伸ばせば，テストの点はすぐに上がります。子どもにも，言うんですよ。

「君たちは素晴らしい。こんなに短期間で，テストの点数が上がるなんて！」

とほめちぎります。**こう言っておけば，保護者は絶対にクレーマーになりません**（笑）。

❷ 子どもをほめれば保護者はクレーマーにならない

4月に私が担任になったら，勉強ができなかった子どもが，ゴールデンウィーク明けには計算は早いし漢字も書ける——。そしてテストの点が上がった時に，電話を入れます。「いやあ，太郎君。予想もしないくらいにいい点だったんですよ。いやそれだけなんですけど，あまりにうれしかったんで電話しました」と言えばいい。

ちょっとした言葉尻に反応するのは，愚者の典型です。ボケとツッコミ，笑い，自虐ネタ——。教師も愛嬌が大事なんです。

キーポイント 25

保護者が求めているのは一定以上のテストの点。できないところを練習させればすぐ高得点が取れるようになる。

「授業改善に取り組むと帰りが遅くなる」はウソ

★ 一番ノッてる時は
7時以降に帰ったことがない

❶ 子どもたちが伸びてくるほど余裕が生まれる

　教育熱心な教師，教育熱心な学校は，帰る時間が遅くなるとよくいわれますが，これはウソです。

　山口小学校で主任をすべて引き受けた時も，私は7時以降に帰宅したことは，ほとんどありません。子どもたちが帰るのを見送って，残りの仕事をした後は，

「どのパチンコ台が出るんだろう」

といった雑談が中心でした。

　授業改善をして，実践が一番ノッていたころが一番余裕がありましたね。だってそうでしょう。子どもは自分が伸びる方法を知っているんですから。取り組みが成功して，子どもが伸びている時は，たいして教師が苦労することはないのです。

　逆に，子どもたちが伸びないから苦労するし，勤務時間も長くなるのでしょう。

　いい学校で子どもたちが伸びてくると，「子どもたちを伸ばすにはどうしたらいいか」，「子どもたちをどう指導したらいいか」と，教師たちも良い指導が習慣化します。なぜかというと，負ではなく正のスパイラルが生まれるからです。

　だからいい学校では，勤務時間は短くなります。

もちろん，一教師のアイデアから実践し，全校の風土にするまでには，最初は大変かもしれませんが，ねらいが成功すれば必ず余裕が生まれます。
　そうではなく，「結果につながらなくてもコツコツやることが重要」と考える教師が多いから，みんな幸せになれないのです。

❷「教師はこうあるべき」から抜け出そう

　やはり，**要領よくやること，無駄を省いて短時間にすることを常に考えて工夫すれば，学力は向上します**。そもそも子どもは，成長する存在ですから，うまく指導改善をすれば伸びていきます。
　たとえば，配り終わったプリントが，まだ教えていない分野の難問だったとします。いつも最初にパーっと配って解かせているので，たまにそういうこともあるんですよ（笑）。
　そういう時は，
「習っていないものに挑戦することこそ勉強だ」
とでも言って，やらせていました。でも，これがけっこういいんですよ。子どもたちは，教科書だけを頼りに何とか知恵をしぼって解こうとします。だからいいんだと思いました。
　こんなこと，しょっちゅうありました。
　「教師はこうあるべき」と，立派な理想を追い求めるのもいいですが，ときには王道からはずれたこともしてみませんか？　きっと，何かの発見があり，教師として成長できると思います。

キーポイント **26**

理想的な方法で子どもは理想的に伸びるものでない。まずは，ドンドンやらせよう。

COLUMN 2
職員室のコミュニケーションから学校を動かせ！
土曜のお昼は手作りのごちそうを振る舞った

◆**ベテラン教師たちのまとめ方**

　30歳前後の頃，私が山口小学校に行った時，職員室はベテラン先生の集合体でしたが，一つ困ったことがありました。それぞれの先生は有能な方ばかりだったのですが，意見がみんな違って……。

　そこで，どうしたらいいか——と考えて，思いついたのが「食べる，飲む」を活かした職員会ならぬ食飲会の開催でした。

　当時，土曜日は午前中授業がありました。それで学期末の成績付けの時期はみんな学校に残ってその作業をするのが当たり前でした。何でも効率的にやる私は成績評価を早めに終わらせて，たまに土曜のお昼ご飯を私が振る舞うことにしたんです。しかも，極上の材料を入手する。海も山もある立地でしたから，土曜の朝に材料を集めたり，金曜日の夜からスープを煮込んだりしましたね。

　但馬牛の極上ステーキや海鮮どんぶり，当時１万5000円もする鯛を仕入れて，お刺身にしたこともあります。私，魚をさばけるんですよ(笑)。それに，職員20人で割れば大した金額にならないですし。年に２回くらいやっていました。

　前出の通り，主任をすべて引き受けていた時でしたから，ベテランの先生からは，
「何なの，これは！」と言われることもありましたが，「まあまあ」と言って座ってもらいました。校長が理解してくれたことも大きかったですね。「おお，行くぞー」と，率先して参加してくれました。

◆**地元の極上素材を使ったごちそうを皆で囲む**

　やっぱり，目の前においしいものがあると，みんなホッとするじゃないですか。これまで文句言っていた人もそうでした。ケーキの会とか，いろいろ

やりましたよ（笑）。
　それで，少しずつ先生方に，
「○○ってどうすればいいんですか」
などと聞いていました。当時は，自分がやりたいと思ったことを実行するのに，他の先生方の力が必要でした。だから，自分としては当たり前のことだと思っていましたね。
　そうやって，周りの環境を整え，少しずつ変わっていきました。
　それによって，まずどんなことが変わったかというと，やはり実践です。先生方は，国語好き，理科好きなどバラバラなので，
「何をやりましょうか」
と言った瞬間に，対立が出てきてしまう（笑）。「国語の読み取りをやろう」「算数の文章題をもう一度」となるんです。
　それで私は考えまして，「生活指導をやりましょう」と言ったんです。これだとどの先生の顔をつぶすこともないし，保護者が関わる問題なので，誰も教師は傷つきません。
　そこで，生活アンケートを取ったら，「なんじゃこりゃー！」という結果が出たのです。

◆「朝食を食べていない」「遅くまで起きている」子どもたち

　生活指導主任として，生活アンケートを全校で行いました。そうしたら，もうびっくり！　私が考えていたものとはまったく違う，わけのわからない結果が出たのです。他の先生方も「まあ，びっくりしたわー」って。
　まず，「朝食をまともに食べていない」「ものすごく遅くまで起きている」あるいは，勉強もしていないし朝食も食べていないとか，具体的なデータとしてわかったんです。

COLUMN

「それじゃあこの子どもたち，勉強ができるわけないな」
という結果です。「ほら，私のせいじゃないで！」とみんな思いました。
では，どうしたらいいか。
王道は，まず校長が学校通信で問題点を伝えることです。または学年通信で伝える。そして，生活点検をします。
でも生活アンケートも含めて，本当に効果があるやり方はこれではありません。
テレビや講演でお話ししたり，本で書いたりしていますが，1日の間に何度も確認するんです。
「朝ごはん食べてきてないやつ，立てー！」
「9時までにちゃんと寝たかー」
と，朝会でやったり学級会でやったりしました。
でも繰り返しやっていると，嘘をつく子も出てきます。だから，何気ない探りも入れていました。休み時間などに，
「昨日のめちゃイケ，おもしろかったやないけー」
と話しかけるんです。

◆「昨日のめちゃイケ……」とピンポイント攻撃

「えっ，先生も見てたん」
と言ったら，
「そんな時間まで起きてたんか！　朝の話と違うやないか，ちょっと職員室に来てもらおうかー！」
そんな嘘をついても，バレてるとピンポイントで伝えていくんです。個に応じた指導ですね。しかも，自分が思いついた時にやるので，子どもは意表を突かれるから効果があるんです。

教師はまず王道をやらなくちゃ気がすまないところがあるので、こうした気軽な指導を軽視してしまうんですよね。指導も簡単でくり返せるものが有効なんです（笑）。
　また、保護者ではなく子どもに言うことで、変化が生まれます。
「学校全体の風土」として、「早寝、早起き、朝ごはん」に取り組んでいるとわかると、子どもも変わってきます。「風土」をつくることが大事なのです。
「ええ！　朝ごはん食べてないの！　ウッソー！」
　と、クラス内の雰囲気も変わっていきます。テレビの見過ぎに対しては、1週間に見るテレビ番組を書かせる方法もありますよ。
　他の先生は真面目に「朝ごはんとはうんぬん」と言い出すかもしれませんが、単純明快な言葉で打ち出していくだけで、ずいぶん意識が変わると思います。

◆学校が一体化すると強い
　いったん、生活改善が学校の文化になると、それからはすべての実践が生きてくるようになりました。文化や習慣になってしまうと、それはもうとても強いんです。そして時間が経過するとこれが伝統になるのです。
　そこまでになるには、時間がかかります。自分の考えを本当に成果が上がるところまで実現させるには、時間がかかるものです。
　でも、その一番最初のところは、自分が関わる人との関係を良くする、それが本当に最初の一歩です。それを、若い教師の人に知っておいてほしいと思います。

第3章 短期間でこそ伸びる！子どもに学力をつける方法

「子どもに学力をつけたい」という思い

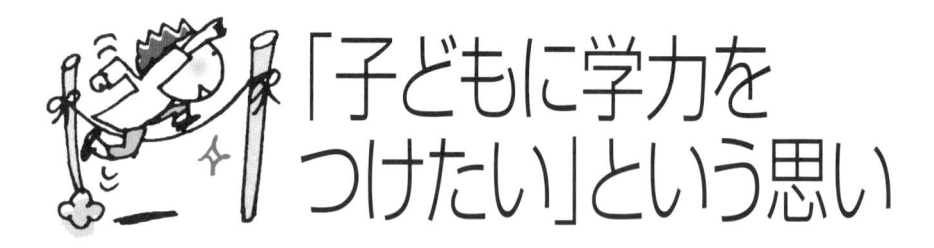

学力向上の前に必要な「勉強に立ち向かう構え」

❶ 九九ができず漢字が書けない３年生の子

　尼崎の小学校から，郷里・但馬の三方小学校に移って最初に受け持ったのは３年生でした。そのクラスに，学力の低いＡ君がいました。

　九九がまともにできない，繰り下がりの引き算もあやしいというレベルです。漢字もほとんど書けません。

　性格は悪い子ではないのですが，いろいろな問題行動を起こしていました。私は彼を，「何とかしてあげたい」と思いました。

　夜９時くらいまで残して補習をしたこともありましたし，夏休みの補習もやりましたが，まったく変わりません。私がやるべきことは，全部やったつもりだったのですが――。

　この時，教師の努力だけではダメなのだと思い知りました。

　結局，何も変えられないまま，担任は終わってしまいました。

　しかしその後，その子が６年生になった時，私が再度担任することになったのです。

　Ａ君は６年生になってさらにパワーアップしていて，以前より多くの問題行動を起こしています。

「今度こそ何とかしてあげたい」

　と思いました。最後のチャンスです。

　でも，問題は私の能力です。できることはすべてやったので，もう

打つ手がありません。

❷ 秋になって「読み書き計算」の効果が表れた！

　そのとき，友人の先生から「岸本先生という先生がいる，会ってきたらどうか」と勧められました。そして家に帰って，そういえば先輩にもらった本の中にそんな名前があったなと思い出した本が，岸本裕史先生の『見える学力，見えない学力』（大月書店）だったのです。読んで，「これだ！」と思いました。それで岸本先生が「学力の基礎を鍛え落ちこぼれをなくす研究会」を神戸で開催していると聞いて，すぐに飛んでいって参加しました。岸本先生が
「読み書き計算の実践をすると，何とかなる」
　とお話しをされてました。実例も報告されていました。そのとき，
「これなら自分でもできるのではないか」
　と思ったのです！
　6年生になったその子に，4月から「読み書き計算」をやらせました。さすがに，すぐに学力が伸びはしませんでした。でも，2学期くらいから，その子にある変化が起こってきたのです。
　きちんと本を読もうとするようになってきたのです。漢字も，「きちんと書きなさい」というと，間違えるのだけれど，一所懸命に書こうとするようになりました。
　彼の中に，プラスの効果が生まれてきたと実感しました。まず，「勉強に立ち向かう構え」が少しでも出てきたというのが重要です。

キーポイント 27

**読み書き計算は
学習意欲を生み出してくれる。**

「徹底反復」は多くの学校で成果が!

★ どんな学校でも取り組めば，1～3年で学力向上

❶ 成果は，あっという間に出る

　「読み書き計算の徹底反復」は，百ます計算とともに，多くのクラス，多くの子どもたちの学力向上につながりました。いまでは，全国の多くの学校で同時に取り組まれ，1～3年の比較的短いスパンで，成果を上げています。3か月で劇的に伸びた学校もあります。

　よく，教育の現場では，「成果は簡単にはでない」「5～10年後をみなければわからない」などといわれていますが，私はそれは違うと思います。努力の方向が間違っていなければ，成果はでるものです。
「息の長い取り組みでなければいけない」
　と，教師が信じ込んでいます。
「少しずつ，できるところから変えていこう」
　と思ってはいませんか？　ダイエットと同じで，「少しずつ食事を減らそう」「このくらいのおやつは自分へのごほうび」ではダメなんです。

　本当にダイエットを成功させるポイントは，「絶対にやせるぞ！」「余計なものは食べないぞ」という，意識改革でしょう？　そして食事や運動などすべてを変えれば2週間後くらいからどんどん体重は落ちてきます。

　学力向上のために改革をしようと思ったら，「できることから少し

ずつ」ではいけません。
「一気に，全部を変える！」
　というつもりでやりましょう。なぜなら効果が劇的だからです。効果が劇的だと，長続きしやすいのです。

❷ 子どもたちが120％の成果を常に出すように！

　最初は，読み書き計算を徹底的にやらせました。
　私は，たとえば100やると決めたら，何が何でも，すべての子どもに必ず100をやらせます。百ます計算でタイムを計り，教科書は表現をつけて読ませ，日記を毎日書かせました。
　私は当初こそやり方が飲み込めず，思考錯誤でしたが，コツがわかると今までとはガラリと違う，スパルタ式でガンガンと勉強させていました。
　これが学校ぐるみの実践が最高潮になってくると，レベルが高め安定化するので，教師の活動はマンネリでオッケーとなります。こちらが何か言わなくても，子どもたちがすごい活動をしてくれるのである意味，教師はラクです。賢い子ばかりの学級を思い浮かべてください。それはラクと思うでしょう。それが実現するのです。

キーポイント **28**

「徹底反復」でも何でも「一気に，全部変える！」というのが大事。

授業改善より教材&取り組み方

★ 百ます計算は同じプリントを繰り返しやると効果大!

❶ 目指すは「いつでも・どこでも・誰でも」できる実践

　教師の世界では,
「学力を高めるには授業改善が一番重要」
　と,よくいわれていますが,これも大きな錯覚です。
　大事なのは,教材です。もしも,本当に授業改善で学力が上がるというなら,公文式はそもそも成り立ちません。週に2回,パートのおばちゃんたちが教えて,そこそこ効果があって,世界にも広がるなんて,こんな奇跡的なことは起こりうるはずがないでしょう。その秘密はあの教材にあります。
　百ます計算は,私の師匠である岸本裕史先生が,子どもたちと一緒にあみだしたものです。しかし当初は,基礎的な計算が十分にできない子どもにとって,大変な負担となります。そのため,だんだん廃れていきました。
　しかし私は,百ます計算が子どもたちを大きく変えることを,この目で見て,体感していました。そして,
「いつでも・どこでも・誰でも」
　できる形にしたいと,追求し続けていました。
　そして,あることに気づいたのです。
　それまで私は,毎日数字を変えたプリントを用意していました。で

も，任される仕事も増えて忙しくなってくると，人間，すぐに安きに流れるものですね（笑）。
「仕方ない！ ３日分印刷してやろう」
と，同じ問題を３回分印刷したのです。ときには１週間分，印刷したこともありました。

❷ 百ます計算でどんな子どもでも必ず伸びる

同じ問題を続けて出すと，あらびっくり！ 子どもたちのタイムが面白いように上がっていったのです！
しかし，私は悩みました。
「同じ問題だから，計算力が上がったとは言えないんじゃないか」
実際に，数字を変えた問題に変えると，またタイムは落ちるのです。
しかしある日，驚くべきことが起こりました。
何の気なしに，他の計算プリントをやらせたのです。その内容は，これまでみんなが手こずっていたものでした。しかしそれを，子どもたちがあっという間に解いてしまったのです！
びっくりして他のプリントもやらせてみました。**すると，毎回，違う数字でやらせていた時より，同じ問題を繰り返し続けていたほうが，圧倒的に速く解けたのです！**
忙しさから苦し紛れにやったことですが，思わぬケガの功名となりました。

キーポイント **29**

同じ問題の繰り返しは，他でも応用できる計算力をつける。楽な方法こそ，子どもを伸ばす。

複雑なことをやるには単純なことから

百ます計算は単純な
作業だから応用が利かない!?

❶ 素振りばかりしていたらボールは打てない？

「百ます計算は単純だから，単純なことしかできなくなる」

と，よく学者さんから言われることがあります。単純作業が早くなっても複雑なことができるようにはならない，というイメージがあるのでしょう。

でも，今まで百ます計算をやってきて，百ます計算しかできなくなった子なんて，見たことがありません（笑）。

たとえば，野球の選手が素振りばかりして，素振りしかできなくなるわけないじゃないですか。どんな球が来ても対応できるように，素振りという基礎基本を徹底するから，本番の試合で打てるようになるのでしょう。

確か有名な選手が，どんなに酒を飲んでも用事があっても，決まった時間になったら外に出て素振りをすると聞いたことがあります。毎日100回は確実にやるのだそうです。

複雑なことというのは，単純なことの組み合わせです。

たとえば音楽なら，ドレミファソラシドを何度も弾いて基本練習をするでしょう。

野球でもピアノでも，基礎をやらないと上手にはなりません。スポーツや芸術の世界の上達法と勉強は違うというのでしょうか。

何かを上達するために，まず単純な基礎基本を繰り返すのは，当たり前のことです（笑）。

❷ モジュール授業で基礎力徹底！

新学習指導要領が施行されて授業時数が増えたり，休日が増えたりしたことで，学校現場はキュウキュウとしています。授業時間を確保し，時間を効率的に使って学習効果を上げるために，モジュール授業を開発しました。

1日の最初に7分くらいの単位（モジュール）を2〜3コマ設定し，その時間内で計算力や漢字などの徹底反復，文学作品の暗唱などを行います。短時間に一気に集中して！　です。これによって，学力の基礎基本や暗記力，集中力を養うのです。

モジュール授業は，圧倒的な効果を上げています！

1年生でも，3学期になれば百ます計算を2分以内で解けるようになります。詩や文学作品の暗唱も20はできるようになるのです。

大切なのは，徹底反復です。反復というと多くの人は2〜3回の反復とイメージするようですが，全然足りません。それではただの反復です。

とにかくできるようになるまで徹底的に繰り返します。そうすると，ある段階でグンと子どもが伸びる，突き抜けが起きてきます。この突き抜けた経験が子どもを飛躍的に伸ばすのです。しかし多くの人は，成果が出る前にやめてしまうから，効果がでないのです。

キーポイント **30**

**基礎基本の徹底が高度な学習効果を生む！
朝のモジュール授業は圧倒的な効果がある。**

できない子への対処，補習も徹底反復編

★ 補習とは指導＆理解＆集中モードを引き出す時間

❶ 分数の計算で何がわかっていないのか!?

　あるとき，分数の計算でつまずいていた5年生の子が10人ほどいました。教職員が総出で，マンツーマンの指導をすることになって，私は一番しんどい子の担当になりました。

　分数のたし算が10問，引き算が10問です。

　冬の放課後の居残り補習というだけで，子どもはイヤでイヤで仕方がないでしょう（笑）。

「じゃあ通分からやろう」

　と言ったら，

「通分って？」

　と言います。通分が何かがわかっていないのです。だから一から教えて，5分くらいでようやく1問解きました。ここで，次にはどうするか!?　2問目を解かせるのが一般的な指導でしょうが，私は違います。その子はやっと1問ようやくできただけ。まだよくわかっているはずがありません。

　たくさん問題を解くより，計算のコツをつかませるには，同じ問題を何回もやらせることが大事なのです。私は，

「チィラリ〜ン♪」

　とか何とか言って，せっかく解いた答えを消してしまいます。悔し

さを引き出すために，思い切りいやらしく，バカにしたような感じで消すのです。そしてもう一度教えるのです。

❷ 子どもの悔しさが，集中モード，やる気を生んだ

「先生，何すんだよー」

と言うかもしれませんが，私はサッとできなければ「できた」とは言いません。もう一回解いても，遅ければ

「チィラリ～ン♪」

何回かやっていると，子どもに変化が生まれます。消される時に自分の一番覚えにくいところを見ているんです。これが大事です。

冒頭に書いた通り，勉強は集中する練習です。つまり，その子の中に，初めて集中モードが芽生えてきたのです。集中しつづけるためにも，ほめてあげなくてはいけない。

「やればできるじゃないかー！」

40分くらい経って，次が7問目という時です。15分後ぐらいに雑誌の取材が入っていて，「じゃぁ，残りは後でまたやるか」と言ったら，その子がなんと「イヤだ」と言うんです。問題を全部やりたいと。

これが集中のマジックです。悔しさがベースにあると，やれると思った時，見事に子どもに集中のスイッチが入るんです。

すると残り14問が10分あまりでできました（笑）。

キーポイント **31**

**説明して問題を解かせてできたら次，ではなく，
同じ問題を繰り返し解かせることで効果倍増！**

できない子への対処，つまづき探し編

> 子どもがつまづくポイントは
> それほど多くない

❶ 分数ができないのは「分数の計算だから」ではない

　できない子に対して，教師たちがまずやることは，
「どこでつまづいているか」
を見つけることでしょう。
　高学年の場合，よくあるのが分数の計算のつまづきです。
　だから，放課後残して，分数計算のプリントをやらせたらＯＫなのでしょうか。私は，少し違うと思っています。
　子どもたちの分数計算の様子を見ていると，分数の途中にある基礎的な計算で間違っていることのほうが，圧倒的に多いのです。
　繰り上がり，繰り下がりのつまづきでいつも間違ったり，九九をちゃんと覚えていないために間違ったり——。または，分数の概念がさっぱり理解できていないということもあります。
　では，一人ひとりのつまづきを分析すればいいのかというと，それには膨大な時間が必要となります。
　しかしある時私は，できない子を指導し続けて，気づいたことがありました。
　それは，
「つまづくポイントの種類はそれほど多くない」
　ということです。

算数でいえば，前出の繰り上がり，繰り下がり計算，九九のほか，筆算や分数計算の手順をしっかり覚えているかどうかなどが挙げられます。

　漢字指導にも応用できます。どの学年のどの漢字からつまづいたか，それがわかれば，そこから集中的に指導ができるのです。

❷ あえて低学年からおさらいする

　つまづいたところがピンポイントでわかれば，そこだけ集中的に指導すればいいのですが，あえて低学年の段階にさかのぼっての指導というのも非常に有効です。

　もちろん，小学6年生が計算でつまづくからといって，1年生の計算が全然できないということは，ほぼないでしょう。本人からすればカンタンな計算です。

　ですから，カンタンなことから始めて勢いをつけましょう。しかし割り算あたりから怪しくなります。そうしてつまづいたところがわかったら，できるようになるために徹底的に繰り返しやらせればいいのです。

「やればできる！」

　ということがわかって，本人の意欲も向上するでしょう。

キーポイント **32**

**つまづきを見つけたら，
低学年レベルからやり直すのが効果的！**

できない子への対処，コンプレックスのある子編

★　「どうしたらできるようになるのか」もわからない

❶ コンプレックスは低学力の一番の原因

　現役教師だった時，授業の合間に子どもたちのエンピツの動きをよく観察していました。ふと，エンピツが止まるのは，その時説明したことが，うまく伝わっていない証拠です。

　クラス全員でプリントに取り組ませている時，その子の近くに行って，どこでつまづいているか把握して，次の指導に続けていました。

　いつも，

「チィラリ〜ン♪」

と言って，悔しさばかりに頼っていたわけではありません。できない子のタイプによって，使い分ける必要があります。

　子どもたちはみんな，

「できるようになりたい，わかるようになりたい」

と強く思っています。

　できない子ほど，強く思っています。

　でも，できない。

　中には，何かの単元で「自分はできない，わからない」となった時，「自分はダメだ」と頭が真っ白になってしまう子がいます。

　理由は，コンプレックスです。他の子ができるのに自分はできないという精神的なプレッシャーが，コンプレックスをさらに大きくしま

す。
　ちなみにこれは，子どもの低学力，勉強ができない理由の最たるものでもあります。

❷ できるようになるための方法を伝える

　勉強ができない，わからない，何をどう努力していいかもさっぱりわからない子には，子どもがわかる言葉で，具体的に，できるための方法を伝えましょう。できないままで置くと，子どもはだんだんと諦めて，つまづいたところを放置してしまい，結局，低学力が固定化してしまうのです。
　だから，こうした子には，
「そうか，九九がよくわかっていないから，いつもここで間違えるんだね」
　と，**「できない理由」を具体的に，子どもが理解できる言葉で教えてあげることが大事です。すると，子どもは落ち着きます。**
　コンプレックスをなくすには，時間が必要です。だから，
「どうしたらできるようになるか」
　を教えてあげることが，コンプレックスを解消する一番効果的な方法です。そして，
「先生と一緒に，頑張ろうね」
　と言ってあげましょう。それで子どもは，落ち着いて努力するようになっていくのです。

キーポイント **33**

**子どもには，できない理由を
子どもにわかる言葉で説明してあげるといい。**

学力をつけるには「書くこと」が大事

★ 4科目で1か月に50ページ。
年度末には12～13冊に

❶ 初めは雑でいいからたくさん書く

　今，学校では授業改善として，討論とか議論をする授業が行われていますが，大事なのはしっかり書かせることです。

　そしてとりあえず重要なのは，量です。

　ついつい，キレイに書かなきゃと思ってしまうのですが，最初は少々雑でもいいので，書き慣れることが重要です。そしてその後，きちんと内容をノートに書かせましょう。ノートに書かれている内容は，その子の頭の中と同じです。ノートが雑な子は，頭の中も雑なのです。

　最初から，

「きれいに書きましょう」

　というと，ハードルが高いでしょう？　だから最初は，思いついたことも書きなさいと言っています。こうしてたくさん書いていれば，そのうちに書くことに慣れてきます。書き慣れたころに，

「どのように構成して書けばいいか」

　を教えればいいのです。

　書くことが上手になると，学習効果が高まります。短期間の学習でも，「ただ聞くだけ」と，「聞いて書く」のでは，大きな差ができます。

　実際に検証したことがあります。子どもたちに協力してもらって，大脳生理学の先生のところに行って検証してみたことがあります。す

ると話を聞いている状態では動いていなかった脳みそが，メモを取り始めたらどんどん動き始めたのです。
　書くことで，脳が活性化することがわかりました。

❷ 書くことで脳が活性化する

　きちんと聞き取り，メモを取ることで，動いていなかった脳みそがすごく動くようになる，ということがわかりました。「授業改善うんぬん」よりも，書くことが大事です。
　そのことがわかって，私は担任時代のことを思い出しました。私のクラスでは4科目のノートを，1か月で合計50ページは書かせていました。なぜそうしていたかというと，自分なりにいい授業ができていても，テストの結果がよくないことがしばしばあり，私は悩んだのです。そして，授業を振り返りながら，ひょっとしたらと思い，子どものノートの活用量を調べたのです。すると，やはりテストの点が悪い単元では，発表は活発でも，その分ノートの活用が少なくなっていたのです。調べると，テストの点の悪い時は30ページくらいしか書かせていなかったのです。
　私のペースで書かせると，1年が終わるころには，ギッシリ書き込まれた12〜13冊のノートができます。しかも，漢字練習帳を含めていません。授業用のノートでこれだけ書かせるのです。たまに宿題を，このノートに書くこともあります。授業スタイルより，まず書くこと！
　効果もあっという間に出ること請け合いです！

キーポイント 34

**とにかく量を書く！　雑でいい！
書くことで脳は活性化する。**

第3章　短期間でこそ伸びる！　子どもに学力をつける方法……87

テストの点が上がるように指導しよう

★ なぜ点数が取れないのか，子どもに合わせて具体的に教える

❶ 学力向上にはテストの点が上がるのが一番

　小学校のテストでも，テスト勉強をさせます。中学，高校，大学，就職など，多くのテストを受けて，人生を生きていくことになるのです。テスト勉強に慣れておくとオトクです。
「テストの点を上げるための勉強では，学力はつかない」
「テストは学力がついたかどうかの目安で，受験学力と本当の学力は違う」
　こういうことを言いだす人もいますが，それは大間違いです。テストは活用して，子どもを伸ばすといいのです。
　子どもは，テストでいい点数を取ると，学習意欲が高まります。授業態度もよくなり，もっと勉強しよう！　と思うようになるのです。「やる気」が生まれたら，さらに高度な知識も身につけることができるでしょう。通知表の評価も上がります。学力を伸ばすために一番役に立つのが，テストでいい点を取らせることなのです。
　普段のテストで60点程度しか取れない子は，読み書き計算の基礎基本がしっかりと身についていません。「自分はできない」と諦めてしまっているかもしれません。もう一度，基礎を徹底させましょう。
　60〜80点しか取れていない子は基礎のどこかにつまづきの穴があります。その穴を埋めてあげればいいのです。

子どものつまづきやすい個所は，それほど多くありません。そして見つけたら間違えないように，できるまで繰り返し解かせましょう。
　普段，80～90点を取っている子は，全体をほぼ理解しているのですが，ケアレスミスが多い子だといえるでしょう。解答したあと，見直しをするように指導して，不注意に気づくようにすれば，すぐに100点が取れるようになるでしょう。

❷ 基礎を7回以上繰り返し教える

　年度末に，学年のまとめテストが行われると，単元ごとのテストの点数はよかったのに，ガクッと点数が落ちる子がいます。
　原因は簡単なことです。単に忘れているからです。
　一学期の最初に習ったこととは，1年近く前に教わったことですから，忘れてしまうのも当たり前。でも，点数が上がった，下がったということに一喜一憂するばかりで，「忘れないようにする指導」をしているところは，ほとんどありません。
　逆に，新しい単元の指導ばかりに，教師は力を入れています。なぜかというと，教師たちはそこで評価されているからです。
　私はこのテスト対策として，単元ごとに重要ポイントを網羅した基礎プリントを作りました。そしてそれを，7回以上繰り返して教えたのです。
　その結果ほぼ全員が，全国平均を下回らないという結果が出ました。集中的にテスト勉強をすることで，子どもはこれだけ伸びるのです。

キーポイント **35**

個々のつまづきに合わせたテスト勉強をさせ，テスト対策プリントを7回以上繰り返し教える。

授業は「できる子」がわかるスピードで

試してわかった「できない子」に合わせるデメリット

❶ 授業についていくため必死に脳を動かそうとする！

クラスに数人，授業についていけない「理解の遅い子」がいるから，授業進度はゆっくりしたほうがいい——というのは，錯覚です！

勉強とは，頭を効率的に動かすトレーニングです。ですから，授業進度をゆっくりにして，脳をゆっくり動かすなんてありえません。

よく「できない子どもを中心に学級づくりをしましょう」といわれています。

実は私も，最初はそう思ってチャレンジしてみたんですが，授業進度を遅くするとうまくいきません。

なぜかというと，子どもが努力しなくなってしまうからです。

「キミはキミのそのままでいいよ」

というような感じになってしまって，向上しようと思わなくなる。

だから，途中からは「申し訳ないな」と思いながら，授業は普通のペースでどんどん進むようにしたんです。

そうすると，何とできない子たちが必死になって，追いつこうと歩き始めるんです！

あらゆる子どもたちを見てきて気づいたんですが，一所懸命，動かない脳みそを動かそうと努力しているのって，ものすごいことです。正しく焦ることによって，脳が働いて，結果的に子どもたちから「伸

びる熱意」が育ってきます。

彼らが軽く走るようになると，授業のピッチを上げていきます。

❷ 単元を早く終わらせて最後にすくいあげる授業を

授業のピッチが上がると，学期末や年度末に，1週間から10日くらい早く，やるべき単元が終わるんです。そうなれば，最後の日数を使って，わからないところを見つけて，その子たちだけに焦点を絞った，すくいあげる授業ができます。

できない子といっても，何やかや言って一度は授業で習った単元だから，2回目にすくい上げていくのはとても効果的なんですよ。

だから，授業進度を遅くしてできない子の対策をするなんて，実際にうまくいったという話は聞きません。

しかし，それでもすくいあげられない子もいます。そういう子には，補習をすることもあります。

子どもたちは，ついていけない，できないとわかると，落ち込みますよ。でも，ヘンに気を遣って励ましたりする必要はありません。

できない自分に正面から向き合わないと，這い上がろう，向上しようという強い意志は生まれません。ただし，できない子には二つのパターンがあります。つづきは次項で！

キーポイント 36

**授業進度を「できない子」に合わせないこと。
徐々に授業のピッチを上げて，余った時間に集中ケアを。**

子どもが一人で宿題をする時こそ伸びる

> ★ 大事なのは授業改善より優秀な教材，宿題だ

❶ 分厚い指導案を書くより教材づくり

「学力を高めるのに一番重要なのは授業改革である」

というスローガンによって，教師はみんな疲れています。分厚い指導案を書かされたりして。真面目に，スローガンから逃げようとしないために，不必要に疲れさせられています。

結局，疲れるような授業改革がなぜ子どもたちの学力向上に役に立たないかというと，すべて先生の動きを中心に考えているからです。

そうではなく，重要なのは

「子どもたちが何をするか」

ですよね。

子どもたちが学力を高めるために何がいちばん有効かというと，教材，そして宿題です。そして，その宿題をちゃんとやってもらえることです。

なぜかというと，学力を高められる時というのは，一人でいる時だからです。そうなると，教材が一番重要です。教師が動きを変えたら何とかなるなら，悩みはないわけですから。

塾でも，ものすごく重視するのは，教材と宿題です。**では，授業改革とは何か。**

「一人で宿題ができるような基礎力をつけておくこと」

なのです。

　いい授業ができて良かったと思ったが，意外とテストの点は伸びないという失敗を私はしました。なぜかというと，テストは一人の力でやるものです。みんなの力でできたものが，きちんと自分に返されていなければ定着しないのです。いい授業の落とし穴です。だから宿題が重要なのです。

❷ 子どもが一人で勉強する時のための授業

「この教材おもしろいよね。やったらできそうだな」
　と思えるような意欲づくりをするのが授業です。
　だから，私は校内研究などでよくやっていたのは，授業づくりより教材づくりでした。
「他の先生たちと，プリントづくりをしています」
　って（笑）。授業研究だったら必ず公開しなければいけないけれど，教材づくりなら，公開もしないし気をつかう話をしなくていいでしょう。しかも，確実に明日から役に立ちます（笑）。
　だから，
「授業で勝負！」
　というのは，私からすると浪花節的で，バランスも悪いです。子どもたちを伸ばしていくのは，授業，教材，宿題，カリキュラム。これらを組み合わせて，学力が形成されていくのです。
　授業がうまい人が子どもたちを伸ばすというわけではないのです。

キーポイント 37

校内研究でプリントづくり。
下手な公開授業よりずっと役に立つ。

音読はいいことずくめの学習法

★ 小学生に古文の音読！
難しい文章に挑戦させる

❶「学校帰りに大きな声で練習するといいことがあるよ」

　国語で学力向上する方法を考えた時，まず挙げられるのが音読です。百ます計算と同じように，算数，国語という科目ごとの学力が上がるだけではなく，他の教科にも波及して効果があります。
　一つエピソードをご紹介しましょう。
　初めての古文の音読授業の時のことです。当時，「徒然草」や「平家物語」などを，子どもたちに音読させていました。中には当然，なかなか覚えられない子もいます。
　私は，その子たちが繰り返し練習するようにと，
「学校の帰りに大きな声で暗唱していくと覚えやすいよ」
「そうすれば，きっといいことがあるよ」
　と教えていました。暗に，
「難しいことを覚えられるようになって成績が上がるよ」
　と言っていたのです（笑）。
　するとある朝，クラスの男の子が一人，興奮しながら私のところへやってきたのです。
「一所懸命大きな声で練習したら，本当にいいことがあったよ！」
　その子は本当に学校の帰り道に，大きな声で難しい文章の練習をしながら帰っていたのだそうです。そうしたら，通りかかった家に住ん

でいるおばあちゃんが出てきて、
「そんな昔の物語を勉強して覚えているなんて、感心やねえ」
と言って、おやつをくれたのだと言います。わたしが言っていた「いいこと」とは、少々違ったのですが……。

❷ テンポよく「さっさ」と読むには古文漢文が最適

それから、その子は学習に意欲的になりました。勉強が得意なタイプではなかったのですが、成績はぐんぐん伸びていきました。

音読には、「意欲」を引き出す大きな効果があるのです。意欲が高まれば、成績が上がるのは当然のことと言えます。

ちなみに、なぜ古文なのかというと、テンポよく「さっさ」と読めるからです。教科書に載っている物語より、古文のほうが有効です。最初は、早口言葉や落語の「じゅげむ」など、読んでいて楽しく、面白いものがいいですね。

子どもたちにとって、古文は読み慣れた言葉ではないので、難しいなと思うかもしれません。しかし古文や漢文は、五七調、七五調、五言絶句、七言絶句など、テンポよく読めるものが多いのです。そのため、何度も繰り返し読むことで、自然に「さっさ」と読めるようになります。

文章の意味も、簡単に解説しておくだけで、子どもたちは音読しながら言葉の語感を味わって、自然に理解できるようになるのです。

キーポイント **38**

五七調、七五調などテンポよく読める古文漢文は、教科書の文章より音読、暗唱に効果あり。

音読のより効果的な方法とは

> 朝一番にしっかりとした
> 大きな声で音読しよう

❶ 大きな声で音読すると脳が活性化する

　音読は国語のみならず，すべての成績を上げるのに大変効果的な学習です。より効果を上げるために，いくつかのポイントがあるのでご紹介しましょう。

　まず，朝一番に行うことです。音読することで，脳はもちろん体中に血液がいきわたり，脳そして体中が活性化します。大脳生理学者の川島隆太先生の研究によると，本を黙読したり複雑な考えを巡らせている時よりも，音読をしている時のほうがもっとも脳が活性化していると証明されています。

　朝から脳が理想的な勉強体制に入るのです。他の教科にもいい影響があるわけです（笑）！

　そして，しっかりと大きな声を出すことです。ぼそぼそ発声していては，言葉の音一つ一つがハッキリと自覚できません。大きな声を出すことで自分の耳にも音が届き，その言葉をきちんと認識させることができるのです。

　大きな声を出すには，姿勢を正して，おなかからしっかり声を出すこと，「あ」「い」「う」「え」「お」の母音をはっきりと，正しい口の形で発声することです。

　さまざまな音読実践を続けるうちに、いろいろな発見がありました。

全力でやる音読はエネルギーを使いますから，10分もやるとくたくたになってしまいます。ですから，読む文章のセレクトが重要です。

国語的な文章だけではなく，社会科などで絶対に覚えてほしい内容を文章化して，音読させることもありました。繰り返し音読することでその内容を記憶し，テストの成績も上がっていきます。

❷ 子どもは音読で難しい文章の意味を理解する

古文漢文を音読させてみて気づいたのが，読む文章は，子どもが理解できないくらい難しいものでもかまわないということです。人間というのは不思議なもので，意味がわからない言葉でも，何回も繰り返し音読していくことで，何となくその意味がわかってくるのです。すると，次はその言葉を自分のものにして，自分の表現に活用できるようになります。ですから，素晴らしい小説や論説文を何度も読ませることで，子どもたちはその文体を理解し，自分の作文に応用するようになるのです。

これはおそらく，英語の指導にも応用できることでしょう。
「言語とは理解して初めて活かすことができる」
といわれていますが，実はそうではない。それが実践を通しての私の実感です。

キーポイント **39**

**何度も音読するうちに記憶し理解する。
そして自分の表現活動に活かすことができる。**

「悔しさ」「焦り」が子どもを伸ばす

★ 「平均点より低い」とストレートに言うほうがいい

❶ 悔しいと思わせ，泣かせる！

　かつてゆとり教育を唱えた人は，「詰め込み教育はかわいそう」「他人と比べるのはかわいそう」と言っていましたが，そうでしょうか。

　実社会に出れば，悔しいとか，できない自分と向き合って初めて大きく成長するものです。社会では「かわいそう」なんて言ってくれません。

　だから，**子どもを伸ばすために，「悔しさ」「焦り」を体感させないといけないのです。**

　そして，学習すること，やるべきことは必ずやらせます。学習指導要領にも書いてあることですよ。テストをすれば点数が出ますよね。私は，点が低かった子に直接，タイミングを計って言います。

「お前，50点で悔しくないんか」

　そして，悔しいと思えば泣くこともあります。重要なのは，困難を回避させることではなく，困難を乗り越えさせることです。

　それから，他のみんながどんどんできるようになると，焦りますよね。焦るというのは，動いていなかった脳みそを動かそうと，一所懸命になっている状態のことです。だから，焦らせたほうがいいんです。

　よく，「陰山は勉強勉強ばかりで，心の教育をしない」とか言う人がいますが，そんなのは指導したことのない人の言うことです。悔し

さ，焦りなど，心の葛藤がなければ，子どもは伸ばせないのです。

❷ テレビ，ビデオ，ゲームの危険性

　どんなに言っても，勉強し始めなかった子は，一人だけです。
　手を変え品を変え，いろいろな言い方をしながらアプローチしました。20数年前のことですが，当時でゲーム機本体を7台も持っていた子で，ゲームソフトも100本くらい持っていました。
　だから，
「ゲームをちょっとやめて，少し勉強してみない？」
　とまで言ったけど，
「オレはやらない」って。
　ゲームがたくさんあるから，友だちがたくさんやってきて，ゲームソフトを借りていくんです。でも全然管理できないから，誰に何を貸したのかすらわからなくなってしまったんです。それで一度呼び寄せて，
「こんなことより勉強してみない？」
　と言ったんですけど，やっぱりやらないと。もう，教育の限界を感じました。ゲームやテレビは，本当に子どもの学力を奪うんですよ。その後，あの子はどうなったのか気になります…。

キーポイント **40**

「平均80～90点なのに，50点で悔しくないのか？」
悔しさ，焦りを引き出すには徹底的に！

画面を1日2時間見てると子どもはダメに

> 画面を見ている
> 時間を減らせ！

❶ 寝不足，朝ごはん抜きで「生命力」のない子どもたち

　昔から繰り返し本に書いたり，講演で話していることですが，小学生が1日2時間以上をテレビ，ビデオ，ゲームに費やしていると，ダメになります。

　山口小学校での生活アンケートによって知った，衝撃の事実だったのですが，この状況は改善どころか，悪化しているように思います。

　昭和60年代くらいから，テレビが一家に1台から一人に1台と個別化していきました。すると深夜番組を見て，部屋でゲームをし，ビデオを見る子どもたちが増加したのです。

　よく，「子どもに携帯電話を持たせていいかどうか」という議論がされていますが，論外です。即却下です！　これ以上，画面を見つめ続けるものを増やして，いいことがあるわけありません。

　1日2時間以上，こうした娯楽に時間を費やしたら，まず睡眠不足になります。さらに朝ごはんも食べないとなれば，勉強ができるようになれるはずがありません。

　子どもの基本的な力が弱くなっています。

　体力や精神力といった「生きる力」「生命力」が大きく低下していると感じます。さらに最近は，インターネットや携帯電話の普及によって，直接的な人間関係が減少しています。人の心の機微を読み取る

ような、コミュニケーション能力の低下も深刻です。

　学力低下よりも先に改善すべきなのは、「子どもたちを元気にすること」です。「早寝・早起き・朝ごはん」で、基本的な生活習慣を取り戻すことが大切です。

❷ 保護者が使いこなせないものは持たせない

　携帯電話を子どもに持たせる害は、保護者より子どものほうが使い方を知っていることです。今どきの子は、自分の携帯にロックをかけるでしょう。子どもが携帯電話で何をしているか、保護者はまったくわかりません。

　昔から、権力を握るものは情報を握るといわれます。子どもに携帯電話を持たせることは、保護者から子どもに権力をゆずりわたすようなものです。テレビで報道されているように、携帯電話を通じて犯罪に巻き込まれる危険もあるのです。

　それでも持たせるというのなら、問題が起こることを覚悟しなくてはなりません。ちなみに、防犯にはほとんど役に立ちませんよ。犯罪者だって、今どきの子どもが携帯電話を持っていることくらい、わかっています。

　一番いいのは、子どもに自分用のテレビ、ビデオ、ゲーム機に携帯電話を、最初から持たせないことです。そして持たせるなら、保護者の責任でしっかりきまりをつくってもらうことです。

キーポイント 41

**テレビ・ビデオ・ゲームはトータルで2時間以内！
携帯電話は即、却下！**

東大合格者はみな11時には寝ている

東大に合格するにも集中力！
それには脳の休息が不可欠

❶ 百ます計算で育った子が有利

　東大に合格するには，当然，睡眠時間を削って勉強すると思っている人がいますが，私の知っている東大生で，夜の12時を超えて勉強していたという子はいません（笑）。

　睡眠時間を削ると学力が下がります。

　彼らは，圧倒的な集中力によって効率的に勉強し，東大に受かっているのです。集中力を発揮するには，脳がしっかり休むことが大事ですから，むしろしっかり眠らなくてはいけないのです。

　一度，東大生に聞いて回ったことがあるんです。

「保護者から一番，口酸っぱく言われたことは何か？」

　すると，10人中9人が，

「早く寝なさい」

　と言います。「勉強しなさい」ではないのです（笑）。

　また東大ほど，百ます計算的手法で鍛えられた子どもが，有利な大学はないかもしれません。東大は公立学校の中核である以上，指導要領を超える難問奇問は出さないからです。

　となると，速さと正確さが勝負です！

　東大はセンター試験との相関関係がとても高いので，センターで上位を取れば二次試験も，当たり前の問題を高速で正確に解く子どもが，

合格点を取りやすいでしょう。

しかも,「高額所得者の子どもでないと受からない」といわれていましたが, 数年前から「年収400万円以下の家庭は授業料無料」と打ち出しています。その結果, 東大はもともと, 世相が変わっても全体の7～8％は年収400万円以下の家庭から合格していたそうなのですが, 現在, 2割近くを占めるまでに伸びているそうです。経済的に余裕のない家庭の子, 公立育ちの子が入りやすい, お得な大学だといえるでしょう。

❷ 家で3時間以上勉強すると学力は下がる

小学生の家庭学習について, おもしろいデータがあります。

山口県山陽小野田市でとったデータによると, 家庭学習の時間と学力はある程度は比例しますが, 2時間半以上勉強している子どもは, そこから学力が伸びにくいことがわかったのです。3時間以上勉強すると, 学力は下がります。

勉強とは効率であり, 集中力を上げることが大事です。

だらだらと, 勉強時間を無駄に費やすより, メリハリの利いたカリキュラムが子どもを伸ばすのです。

小学生の場合, 10時以降の勉強はやめましょう。それよりも, 10時以降は起きていること自体が, 百害あって一利なしです。

しっかりとした睡眠, 休息した脳によって高まる集中力で, 東大合格も決して夢ではなくなるのです。

キーポイント **42**

**小学生は10時までに, 受験生も11時には就寝を。
しっかり休むことで脳は活発に動き出す！**

「日本はPISA型学力が低い」は大きな間違い!

★ 日本の子どもの読解力は本当に落ちたのか？

❶ きっかけは『分数ができない大学生』

　日本人は「ＰＩＳＡ型学力」が低いからどうにかしなくてはいけない。そんなことが，もうずいぶん言われています。

　学力低下問題のきっかけは，1999年に出版された『分数ができない大学生』（東洋経済新報社刊）です。マスコミが大きく報じたことで，学力低下論争が起こりました。

　論争のさなか，
「あきらかに学力が低下している」
と，認識していた人たちがいたのです。しかし，第１回の2000年ＰＩＳＡ調査では，トップクラスでした。

　結果をみると，数学分野で１位，科学で２位，読解は，これまで日本で出されたことのない問題だったのですが，８位。トータルでみれば，日本はトップクラスだったんですよ。

　ところが，２回目の2003年調査では，１位だった数学は10位に，読解は８位から15位に落ちました。この時，科学分野は入っていません。

　もはやトップとはいえないということで，ゆとり教育が始まったばかりなのに，方向転換することになったのです。つまり日本の伝統的な指導はＰＩＳＡテストに強かったのです。

❷ ノーベル賞受賞者数で日本は４，５位

　ノーベル賞受賞者数でいうと，日本は世界で４位か５位くらいです。絶対数でいえば戦後のアメリカが一番多いのですが，人口は約３億人です。人口比でいうと，イギリスが１位なんです。人口は5000万人ほどの国ですよ。人口比でも日本は５位くらいに入るでしょう。

　ではアジアはというと，中国も韓国も，まだ理系のノーベル賞受賞者はいません。欧米とまともに肩を並べるのは日本だけです。

　イギリスの有名な大学は，優秀ならば貧しくても奨学金で入学できるのです。特別な環境で特別な人たちが，優秀なら誰でも機会を与えられて最先端の科学を生み出しているのです。

　事実を知れば，へんにあわてることもありません。日本がもっとも急激に文化を高めたのは明治の文明開化でしょう。しかし，その原動力となったのは，伝統的な寺子屋の教育です。私は日本の教育に自信をもつべきだと思います。

　今，多くの方が日本はＰＩＳＡ型学力が低い。指導方法を変えるべきと言っていますが，変えてはいけないこともあるのです。

キーポイント **43**

ＰＩＳＡ型学力。
日本はもともと高かった。

COLUMN 3

百ます計算から百割計算へレベルアップ！
小学生にとってもっとも難しい繰り下がりとあまりのある割り算

◆**子どもたちは，どんな計算でつまずくのか？**

　兵庫県の三木俊一先生という方が，提唱している，「百割計算」という教材があります。筆算や分数の計算などに取り組む子どもたちを多く観察していたところ，ある割り算が身についていないために間違うということを発見されました。

　それが，
「あまりを求めるときに，繰り下がりの引き算がある割り算」
です。

　九九や，繰り下がりの引き算を含んだ割り算であり，3年生までの計算のまとめでもあります。小学生の算数で，もっとも難度の高い計算でもあるのです。

　これを習熟しないとその後に学ぶ分数，整数，小数の計算でつまづきます。

　つまり，分数や少数の計算ができないのではなく，この割り算をするときにつまづき，間違えてしまうのです。

　こうした割り算は，ちょうど100あります。子どもたちに何度もやらせていたら，いつのまにか「百割計算」と呼ばれるようになりました。

　子どもにとって，百ます計算以上に大変難しい問題です。そもそも百ます計算は，たし算，引き算，かけ算はできても，割り算はできません。

◆**百ます計算の何倍も難しい百割計算**

　百割計算が，百ます計算並みの時間でできるようになったら，子どもたちの学習能力，脳のパワーはものすごいものになるのではないかと思いました。

　当初は，そんなに速くできるようにはならないだろうと思っていました。しかし，百ます計算と同じくらいのスピードでできると証明したのが，山口小学校にいた仕名野隆利先生です。

彼の実践の特色は，結果が出るまでしつこく何回も繰り返すことです。その結果，百ます計算と同じくらいの速さを実現させたのです！
　4年生を担任していたのですが，全員が2分以内になったとき，全員が算数のテストで90点以上を取るようになったそうです。
　私も百ます計算と同じように，子どもたちに百割計算を取り組ませました。子どもたちにとって百割計算は，百ます計算と比べものにならないくらいツラく，しんどい計算です。100問終わるのに，20分，30分かかる子はざらにいます。
　それを，2分でできるようにするわけですから，簡単にはできません。しかし，脳の働きは加速します。解き終わる時間が短くなればなるほど，大きな効果を上げるようになりました。
　百割計算は，百ます計算に続いて，子どもをもっとも伸ばす取り組みの一つなのです。

第4章 対応力のある教師になるために

相手によりクレーム対応を区別する

> どんな教師も1年に1，2回はクレームをつけられる

❶「クレームは恥」と思うのが一番危険

　学校にもクレームが来る時代です。「モンスターペアレント」という言葉も，今ではポピュラーな言葉として定着しました。

　クレームは，連絡帳に書かれていたり，行事の感想プリントや電話であったりといろいろな形で届きます。

　経験が浅い若手教師の場合，保護者もクレームを言いやすいものです。クレーム処理の経験がないと，自分が悪いのではないかと思い悩み，その問題を抱え込んでしまうことがあります。

　ただ，あまり気にし過ぎないことです。誰にだってクレームは来ます。私は他の教師と違うことをやっていた分，他の教師より多かったでしょう。

　一番危険なのは，クレームを自分の恥と思って問題をため込むことです。こういう状態が続くと，教師が精神的なダメージを負って，うつ病になるなど，さまざまな形で問題が噴出してきます。

　ですからまず，肝に銘じておきたいのは，
「クレームなのか，そうじゃないのか」
を，きちんと区別することが大事です。

　本当に教師やクラスのことを考えて，あえてご意見してくださっている方，はげましの意味で言ってくださっている方と，「文句を言い

たいだけ」という人の違いを見極めておきましょう。

クレーマーは，いなくなりません（笑）。

❷「誰が言ってきたか」で対応を変えよう

クレーマーは，１年に１，２度やってきます。

現場でガチンコ勝負をしなきゃならなくなるので，新年度の最初の保護者会などで，どの保護者が味方になってくれそうか，または敵になりそうか，見定めておくことが重要です。すべての保護者が平等に文句は言ってきませんので（笑）。

明らかに学級破壊者という保護者もいますし，そういう子どももいます。その一方，一所懸命支えようとする子もいるんです。問題は，その子どもたちに対して，どうマネジメントしていくかです。

問題があれば，真摯に意見を受け止め，どうしたらいいか，自分の経験値を上げるつもりで対応すればいいんです。

「年に１回，２回のクレームは来るものだ」

と想定しておけば，そうした構えもできます。もちろん，クレームが来たら落ち込みます。でも，政治家みたいに，落ち込んでいてもやらなくちゃいけないことはあるんです。

「あの保護者に文句を言われるくらいなら，俺の指導は本物だ」

と開き直ったり，ＰＴＡ会長が申し訳なさそうにやってきたら，

「これは真摯に反省しよう」と。

「誰が言ってきたのか」というのは実は大事なポイントです。

キーポイント **44**

クレーマーと，ご意見を下さる方を混同しないこと。

「親の気持ち」は利害関係のない親に聞け

母親になった女友だちとの
お悩み相談会で母親目線を学ぶ

❶ それは女友だちの「相談にのってよ」から始まった

　教師修業としてすごく役に立ったと思うのは，山口小学校時代に始めた，お母さん方のためのお悩み相談会です。
　あるとき，高校の時の女友だちに「相談にのってよ」と言われて，近所のお母さんが集まって，その話を聞く機会がありました。
「こんなに困ったことがあるのよ。大変よ」
「そうやなー」
　たわいのない話なんですが，私が教師の目線で答えると彼女たちにすごく好評だったんです。そこで，母親になった友だちのお悩み相談会を3年間くらい定期的に続けました。それはものすごく勉強になり，今の教育相談に役に立っています。
「担任の先生がこんなひどいことをするの」
「うちの子の先生がこんなにダメで」
　うんうんと聞きながら，「それ，だいたいオレやってるなー」と心の中で思って反省したりしていました。こちらが良かれと思ってやってもヘンに勘違いされるんだなってわかりました。宿題が多いとか，次の日の持ってくる物を，終わりの会で連絡帳に書かせずに帰ったとか――。
　友だちの子どもが違う学校に通っていたからよかったんだと思いま

す。逆に，
「テレビは2時間以上見せるとバカになるよ」
と言ったら，「あら，うちもそうだわ」「よくないのね」と反省してくれることもありました。

極めてささいなことだけれど，それが学校と家庭の信頼関係づくりに大きく影響するのです。

❷ 父親目線はアマチュア無線仲間から

特に，低学年での失敗話が多かったですね。それも大失敗ではなく，小さい失敗です。
「明日の伝達事項を言わなかった」
「プリントの配り忘れ」
「読書感想文を書けと言うが，書き方を教えていない」
そういうことが気になるのか，と，本当に視野が広がりました。

実は地元のアマチュア無線のサークルにも入っていて，たまに集まることもありました。そうすると，今度は父親目線がわかるんです。
「うちの子の教師はよー」
と，自然に教えてくれます（笑）。

考えてみると，私は教師同士よりも，それ以外の人たちとの勉強会のほうが多かったですね。教師同士の学び合いやサークルもいいけれど，やっぱり大事なのは母親，父親目線など多様な視点です。

> キーポイント **45**
>
> **母親，父親目線の本音を知れば学校＆家庭の信頼につながる。友だちのリアルな悩みは大きな情報源。**

いじめに負けない子どもに育てるために

「嫌なものは嫌だ」と言える教育を

❶「みんな仲良く」なんてありえない

「いじめをなくすには、みんなが仲良くすることが重要である」

と、よく言われますが、「みんなが仲良くすることがいじめを生む」ということもあります。

多くの教師が、気づいていません。「みんな仲良く」というのは、結局、人間関係の穴を目立たなくさせるだけです。日本全国、「みんな仲間」なんて、ありえないでしょう？

問題は相性の良くない人と、いかにして仲良くしていくかというコミュニケーション能力です。「みんながみんなを好き」なんてありえない。「アイツ嫌いだから」というのは、どこでもあるものです。

だからコミュニケーション能力が必要になるのですが、そういう状況で浮いてしまった子どもがいじめの対象になってしまうのです。

昨今、マスコミで報じられたいじめ事件なども同じです。

いじめられていた子は、最初からぽつんと独りぼっちだったわけじゃないのです。いじめグループの仲間に取り込まれて、そこからいじめが始まっています。

「みんな仲良く」というのが一番だと、教育界みんなが思いこんでいます。**そうではなくて、いじめられたら、**

「嫌なものは嫌だ」

と言う教育が重要だと思いますよ。

嫌いなところから逃げ出していい，反発していいんです。

❷ いじめは気持ちで乗り越えるほうが簡単

「困っている人には手助けしてあげましょう」

と，よく言われていますけれど，これって，

「(本人が自分から言わないから) 助けてあげましょう」

という意味です。でも，実社会ではこんなこと，誰かしてくれますか？ してくれないですよ。ですから私は，

「嫌なことは嫌だ」

と言えるよう指導していました。どうしてもみんなから浮きがちな子っています。そういう子には「いじめに負けない子」に育てることが有効なのです。

ヘンに子どもたちに「仲良くしなさい」と言い過ぎないことです。

究極の対策は，いじめる余裕がないくらい，勉強でも運動でも子どもに大きな課題を課すことですね。必死になっていたら，そんなことをしている暇はありません。それに，みんなの成績も上がりますよ。

いじめをしないようにさせることも，もちろん大切ですが，残念ながら実社会ではそんな空気はありません。その点でも，いじめに負けないという指導は有効なのです。

キーポイント **46**

「みんな仲良く」と言い過ぎるといじめは見えにくくなる。大きな課題を課していじめる余裕をなくすという手も。

「つっぱるな しょせん あなたは 3級品」

★ 最初から自分を「1級品」と思っている
若手教師の多いこと！

❶ プライドだけを守っていいことはあるか？

　最近の若い教師たちを見ていて思うのは，
「きっと，自分は『教師の王道』を行っていると思っているんだろうなあ」
「自分を立派だと思っていて，立派に見せたいんだろうな」
　ということです。
　ですから，管理職に叱られたり，保護者からクレームを受けたりすると，ポキッと折れてしまうんですね。
　プライドが傷つけられて，すぐに「辞めます」と言い出しますね。
　私にも若いころはありましたよ。そのころ，いろいろあったので標語を作りました。
　「つっぱるな　しょせんあなたは　3級品」
　これも関西ならではの，自虐ネタですね（笑）。
　3級品がつっぱってもしょうがないよね，3級品が失敗してもしょうがないよね，と考えたら非常にラクになったんです。
　もちろん実際には3級品でも失敗したら大変ですし，一方で，
「いつまでも3級品でいいのか」
　と，常に自分に向けて言っていましたよ。
　今，子どもと上下関係をつくって，カッコつけている人が多いです

ね。男女ともに，自分を偉く見せたいんでしょう。
　教師だからではなく，
「私は優秀な人間だ」
　という印象を受けます。

❷「いや大丈夫です」と自分から閉じていないか

　しかしそうなると，年配教師からすると，気軽に注意やアドバイスもできないんですよ。
「僕，ダメなんですよ〜」
　とか言ってくれれば，こちらも何か言えるんだけど，
「いや僕は大丈夫ですよ，自分のやるべきことをやってますから」
　と言って，逃げちゃうんです。
「あっそう」
　としか言えないですよね。それで結局，ひどい状況になってから大騒ぎということになるんです。
　私は，自分が１級の教師だなんて思ったことは一度もありません（笑）。本当ですよ。だって，「いい教師」と思った人は，いい教師から変容できないじゃないですか。
　自分を３級品と認めることが，可能性の広がりの始まりなんですよ。「僕は３級品」だと言えれば，いろいろなところから助けの言葉やアドバイスがやってくるわけです。でも１級品と自分で思っているから，周囲は言えなくなり，教師としての成長もできないのです。

キーポイント 47

若いころから「自分は１級品」と思うからツラくなる。「３級品」と認めれば可能性が広がる。

子どもを伸ばせば敵は生まれない

何をしようと
伸ばしたもの勝ち！

❶ 4月で漢字1年分なんて昔なら極悪人扱い

　私は新任教師のころから，いろいろなことをやってきました。校長を怒らせるとか，周囲との軋轢を生んだこともありました。しかしそれはほどなくうまくいくようになるのです。

　絶えず，何やかや言いながらも成功していくためには，「みんなが合意できる事実」「みんながそうだねと言えるような事実」を積み上げることしかないのです。

　そして，一点だけ言えることは，「子どもを伸ばす」という事実をまぎれもなくつくることができれば，この業界で生きていけるのです。それが実現できればどんな人でも，誰も批判しません。

　世の中は，中教審がどうとか，政治がどうとか理屈を言い過ぎですね。

　そうではなくて，教師や学校にとって今も昔も，必要なのは
「子どもを伸ばす」
　という，ただ一点なのです。

　多少問題があっても「子どもを伸ばす」事実があれば認められていきます。もちろん，違法とか反道徳的でないことでですよ（笑）。4月に漢字1年分をすべて教えてしまおうが，計算する時間をストップウォッチで測ろうが，今は，問題なく誰でもやれますよね。でも，ひ

と昔前は極悪人と言われるようなことだったんですよ（泣）。

❷ 人を批判しない。まず実践を

　子どもを伸ばすという事実に対して，理屈で批判してくる人がいますが，もっともくだらない議論になりますね。

　人間は，論で言われたら論で返したくなるものです。

　でも私は，反論しないで，がまんしました。

　そのかわりに何を言われても負けない実践を積み上げていけばいいと考えていました。悔しいけど，批判をもとにいい実践が生まれれば，みんなハッピーになるでしょう（笑）。

　もう一つ大切なのは，人を批判しないということ。人の批判をしない人は批判されないのです。これが日本の文化です。人はよく批判されますけれど，事実を積み上げれば批判はなくなっていくし，

　「批判していたあの人はなんだったんだ」

　となるでしょう（笑）。

　ぶつかったり反論しあって消耗するなんて無駄なことです。自分の実践を続けることに力を使いましょう。

キーポイント **48**

敵をつくらず「みんなが合意できる事実」を積み上げよう。批判にはぶつからずいい実践で対応。

実践は5〜10年継続して初めて認められる

★　「なぜ認められないのか」
　　5年は自問自答を

❶ 自分の実践を純化しよう

　現役教師の中で、かなり力のある実践家たちから、
「自分の実践で子どもを伸ばしているのに、校長が認めてくれない」
「保護者にウケない」
　と言っている人がけっこう多いんです。
「俺と違ってお前はいいよな」
　と言う人も……。でも、それは少し認識がズレています。
　今、いい実践で成果も出ていればいいというわけではありません。その後5〜10年は継続して成果を出し続けて、初めて認められるというのが日本の文化なんですよ。
「もう10年も続けて成果を出している。それなら本物だろう。ならば認めよう」
　というのが、日本の考え方だと思うのです。長く続けばその意味は理解されますが、それまでは何がどういいのかがわかるようでわからない。つまり実績は上げ続けてこそ意味があるのです。そこを理解していない方がけっこういますね（笑）。
「俺はこんな実践をしている」「こんなに子どもを伸ばしてる」と思うこと自体が間違っています。
「なぜ認められないのか」

ということを5年間くらいは自分を見つめて，自問自答を繰り広げていくことで本物になっていくのです。何か無駄なもの，不純物がたくさん混じっているのかもしれない——。そう考えて，もっとわかりやすく，効果的なものに純化していくこと。そうなって初めて，「評価」につながるのだと思います。

❷ 簡単に百ます計算で売れたわけじゃない

「ちょっと百ます計算やっただけで，陰山は売れていいよな」
　と言われるかもしれないですが，そこまでには20年以上の積み重ねがあります。
　ですから私は，いたずらに表面的な羨ましがられ方をされることがあるのは，正直，腹立たしいですね。
「自分もちやほやしてもらいたい」
　という中堅以上の実力教師は多いですから……。
　でも，簡単に今の自分があるのではありません。
　これまでにどれだけ，泣きの涙を流したか。どれだけ，自分の実践をぼろくそに言われたか。反論したいのをがまんし，それでも自分の実践を続けてきたのです。そこまで自分を追い詰めて追い詰めて，「変わらない自分」を確立した時に，やっと人々は見てくれるんです。
「こいつはそう簡単に変わらない。言ったことを全部ひっくり返すような人じゃない」となった時，やっと人々は信頼してくれるんですよ。だから頑張り続けてほしいのです。

> キーポイント ◆**49**
>
> **自分の実践が認められない理由は，最低5年はかけて見直し，よりわかりやすく効果的なものに改良を。**

45歳を過ぎたら校長を目指せ！

「坊ちゃん」が職員室の
イメージを決めた!?

❶ 「50代後半で校長」では遅い

　以前，大阪の校長試験の面接官をした時のことです。
「残念だなあー」
　と思ったのは，いい先生がいたんですが，すでに56,57歳なのです。校長になっても，この年齢では腕を発揮できるのは１校です。普通に教頭，校長と上ってきたのでしょう。
　できれば,52～53歳くらいで校長になってほしいですね。そして，2～3校は校長を務めてもらいたいです。
　なぜかというと，一番好成績をつけた先生がこう言っていたんです。
「学校にひどい先生がいて，同僚として注意しても聞いてくれない。そんな時に，管理職じゃないと注意して正すのは無理だと思った」
　と。そう思ったのが50歳くらいの時だそうで，年の功でも聞いてくれないのだそうです。
　残念です。遅いのです。いい指導法をもっているのだから，早く校長になっていたら，全校レベルで全教員が高まる効果があるのに——。
　だから……教師には管理職を目指してほしいですね。

❷ これからの教師は脱「坊ちゃん」

　いい教師は，なぜ校長を目指さないのか？

最近,気づいたんです！　ある偉大な人物が,日本人に普遍的な「職員室像」を刷り込んでいたんです。
　テレビの熱血教師物語というと,だいたいパターンが決まっています。いい人だけどボケてる校長,嫌味な教頭。主人公はだいたい若く変わった教師。これの元祖が「坊ちゃん」です。ＧＴＯなんてそっくりですよ。つまり,今の教師たちが子供時代に形成した教師像は,夏目漱石がつくったんです。
　校長と教頭に文句を言って,子どものためにヒーローになる。まさに「坊ちゃん」の世界ですが,これからは脱「坊ちゃん」でないといけないのではないかなと思うんです。
　これからの教師は,いい管理職になれるように教員のうちに修業を積むことが必要です。教師を伸ばして,子どもを伸ばす姿を見ながら,その人が仕事で一番輝くか,マネジメントすることで全体を伸ばしてほしいのです。おそらく,自分のこれまでの教師人生の蓄積が,大きく役に立つと思いますよ。
　日本の教育に「生涯一教師」というモラルがあるうちは,日本の学校は世界から取り残されていくでしょう。

キーポイント **50**

**管理職vs現場教師というイメージから抜けよう。
いい教師は管理職を目指して教師指導を！**

教師の楽しさは20年後にわかる

★ 大人になった教え子と
人間として一対一の付き合いに

❶ 教師になってよかった

　今は価値観が多様化している時代です。
「仕事」そのもののとらえ方も，変わってきていますね。仕事より趣味を大切にするという生き方もあるでしょう。
　仕事の時間が8時間だとすると，仕事に費やすのは1日の大半です。この時間を，自分の食い扶持を稼ぐためと考えるのか，豊かな時間にしたいと考えるのか，それによって人生の楽しみ方は違ってきます。
　私は，人生の一部としていい仕事をしたいと思いました。
　そしてもう一つ，この年になって，
「教師になってよかったなあ」
　と思うのです。
　うまくいかないからと，若いうちに辞めてしまうのはもったいないですよ。
　巣立っていった教え子たちが，「先生」と言って会いに来てくれるんです。大人ですから，人間として一対一の付き合いが始まります。
　当然，思い出話が始まります。すると，そこで語られる人間像は，10年，20年前の自分の姿なんです。子どもの証言ですから，タイムトンネルから出てきたようにすごくリアルなんですね。教え子によって，自分が何をやってきたかがわかるんです。これは教師の醍醐味，教師

の特権ですね！

　一番グレてて高校中退した子が居酒屋を始めて，店に行ったんですね。しゃべっていて，たまにびっくりするんですよ。自分はいろいろなことをやってきたから，いろいろなことを忘れてもいるんです。

　でも教え子は，
「こんな社会のフィールドワークに行った」
「こんな理科の実験をしてくれた」
　などと，強烈に印象に残っているんですね。

❷ 20年前の陰山君をほめてあげたい

　習ったことが，社会に出てどんな風に役に立ったかも教えてもらうことができます。聞いていて，
「おお，20年前の陰山くん，けっこういいこと，ゆうてるやないか」
「今，若い俺に会ったらほめたろ」
　なんて思っています（笑）。

　今の教師は不平を言い過ぎ，そしてそのことが学校環境を悪化させています。目の前に子どもがいる。私はここに喜びを感じてほしいと思います。そうやってプライドをもった先生の授業は明るく，世の信頼も生まれてきます。

　この喜びを多くの先生に知ってほしいですね。

キーポイント **51**

教師という仕事の醍醐味！　かつての教え子が自分の指導の成果を教えてくれる。

著者紹介

陰山英男（かげやま　ひでお）

1958年兵庫県生まれ。岡山大学法学部卒。

兵庫県朝来町立（現朝来市立）山口小学校教師時代から反復練習で基礎学力の向上を目指す「陰山メソッド」を確立し脚光を浴びる。

2003年4月尾道市立土堂小学校校長に全国公募により就任。百ます計算や漢字練習の反復学習を続け基礎学力の向上に取り組む一方，そろばん指導やコンピューターの活用など新旧を問わず積極的に導入する教育法によって子供たちの学力向上を実現している。

2006年4月から立命館大学　教育開発推進機構　教授（立命館小学校副校長兼任）に就任。現在は他に，文部科学省・中央教育審議会　教育課程部会委員，大阪府教育委員会委員長にも就任。

著書：『学力は1年で伸びる！』（共著，朝日新聞出版）『若き教師のための授業学　学力を伸ばす学級づくり』（日本標準）『親が伸びれば子は伸びる』（朝日文庫）『陰山メソッド　徹底反復　ニガテ　克服シリーズ』（小学館）……他多数

誰も教えてくれなかった
クラスを動かす技術！

2013年3月15日　初版印刷
2013年3月21日　初版発行

著　者	陰山英男（かげやまひでお）
発行者	佐久間重嘉
発行所	学陽書房
	〒102-0072　東京都千代田区飯田橋1-9-3
営業部	TEL03-3261-1111　FAX03-5211-3300
編集部	TEL03-3261-1112
	振替口座　00170-4-84240

装丁／佐藤　博　イラスト／大橋明子

DTP制作・印刷／加藤文明社
製本／東京美術紙工

©Hideo Kageyama 2013, Printed in Japan
ISBN978-4-313-65241-5 C0037
乱丁・落丁本は、送料小社負担にてお取り替え致します。
定価はカバーに表示しています。